U0111597

大展好書 ✕ 好書大展

大展好書 ✕ 好書大展

武術特輯

12

中國式摔跤

黃　斌／編著

大展出版社有限公司

印行

前　言

摔跤運動是最古老的體育項目之一。由於地區差異、民族特點不同和摔法不一，所以摔跤的種類繁多。據不完全統計，在世界各民族中開展的摔跤活動有30多種。根據運動員的服裝、允許使用的動作、決定勝負的標準等特點，可以把摔跤大致分為六類。

㈠不許用腿使絆，不許抓握下肢的站立摔跤。如烏茲別克摔跤和我國的維吾爾族摔跤。

㈡可以用腿使絆，但不許抓握下肢的站立摔跤。如我國蒙古族摔跤。

㈢手腿使絆的站立摔跤。如中國式摔跤。

㈣只能用上肢相互握抱，不許抓握下肢、不許用腿使絆的站立和跪撐摔跤。如古典式摔跤。

㈤手腿使絆的站立和跪撐摔跤。如自由式摔跤、我國雲南撒尼族摔跤。

　　㈥手腿使絆和運用反關節技術的站立、跪撐摔跤。如柔道、桑搏。

　　雖然摔跤的種類很多，但在我國列為正式比賽項目的只有中國式摔跤、古典式摔跤、自由式摔跤以及柔道。

　　本書將中國式摔跤的發展情況，組織競賽以及基本功、基本技術的練習方法編寫成冊，供廣大摔跤愛好者參考。

目　錄

第五章　跤壇名人軼事

第一章　概　述

第一節　中國式摔跤的產生和發展

摔跤在我國源遠流長，歷史悠久。根據文字記載和傳說，早在四千年前的原始社會就有了摔跤活動。當時，人們為了求得生存，在與自然界進行鬥爭中，在部落之間的衝突中，利用自己的力量、技巧取得食物和進行自衛，從而產生了古代的摔跤。據南朝人任昉著的≪述異記≫中記載：「秦漢間說，蚩尤氏耳鬢如劍戟，頭有角，與軒轅鬥，以角抵人，人不能向。今冀州有樂名蚩尤戲，其兩兩三三，頭戴牛角以相抵，漢造角抵戲，蓋其遺制也。」這種「蚩尤戲」就是我國古代摔跤的雛形。由此說，我國古代摔跤始於黃帝時代。

公元前11世紀，周朝初年，摔跤作為練兵的一項軍事科目出現。據≪禮記・月令≫中記載：「孟冬之月，……天子乃命將帥講武，習射御角力。」由於當時兵器差，射箭、駕車、角力都是軍隊操練的主要科目。

春秋戰國是奴隸社會向封建社會過渡的大變革時期，列強對峙，互相攻伐，戰爭頻繁，作為軍事訓練的摔跤活動也得到廣泛的開展。

≪公羊傳≫中記載，宋閔公手下有一員大將叫長萬，是當時聞名於世的大力士，由於宋閔公揭露長萬曾被魯師所俘，故「萬怒，搏閔公，絕其脰。」結果，宋閔公被長萬摔死。

　　秦漢時期，摔跤不僅作為重要的一種軍事訓練手段，也是節日和宮廷內表演項目。秦統一六國後，進行了「車同軌、書同文」等一系列的工作，同時也統一了摔跤的名稱為「角抵」1975年在湖北江陵縣鳳凰山一座秦墓中出土的木篦（圖1）曾有古代摔跤的畫面。這是迄今發現的年代最早（公元前208年）的有關古代摔跤的史料。圖案上三名男子，他們在進行摔跤比賽，氣氛緊張熱烈。左邊立者為裁判。上邊懸掛的帷幕，表示在舞台上進行的比賽。按畫面的排場看，似在宮廷內舉行的。由此可見，秦統一六國後，把摔跤列為宮廷的一種娛樂項目，並在民間也有一定的發展。

圖 1

　　從秦末到漢景帝的半個世紀中，摔跤活動曾處于低潮。公元前140年，漢武帝時，摔跤活動又盛行起來。據≪漢書‧武帝記≫中記載，規模最大的有兩次，一次是元封「三年春，作角抵戲，三百里皆來觀」；一次是元封六年「夏，京師民觀角抵戲於上林平樂館。」河南省密縣打虎亭2號東漢墓中的一幅壁畫（圖2），描寫了當時摔跤表演的一個場面，陝西省長安客省莊漢墓出土的銅牌上也刻有摔跤圖（圖3），畫面上是兩位農民打扮的男子在樹蔭下對摔，此圖足以說明，漢代摔跤活動已較普遍地開展，田間地頭也成了摔跤的場所。由於漢代重視摔跤

活動，摔跤的技術有了長足的發展，「三百里皆來觀」。同時，摔跤比賽勝負有裁判員來判決。山東省臨沂地區金雀山漢墓中出土的絹畫上（圖4）有一對健壯的摔跤手，挽袖對視，準備決一雌雄，並有一名裁判員在旁拱手而言，以判勝負。

圖 2

長安客省莊K140號戰國墓出土銅飾角力圖

圖 3

　　三國鼎立之後，曹操曾大力提倡摔跤活動，除把摔跤作為訓練士兵的手段外，還列入百戲之內。在河南省南陽市出土的大塊漢磚上刻有角抵戲。≪三國演義≫第七十回：「張郃自來山頂觀望，見張飛坐於帳下飲酒，令二小卒於面前相撲為戲。」

圖　4

　　晉至南北朝時期，摔跤活動稍衰。隋朝初年，摔跤活動開始復甦，在宮廷、民間的節日裏摔跤活動都有所發展。據≪隋書・柳彧≫傳說：「見近代以來，都邑百姓每至正月十五日，作角抵之戲，遞相夸競，至於糜費財力，上奏請禁之。」這說明摔跤活動已在民間廣泛流傳，每逢元宵節，進行比賽。

　　唐朝歷經貞觀、開元之治，國富民強，太宗皇帝李世民以隋亡為戒，選賢任能、虛心納諫，社會經濟很快得到發展，而講武、習武的風氣不懈，故摔跤活動在唐代的歷史上蚩噪一時，就連帝王也要上場助威，鼓勵士氣。

　　據史料記載，唐朝時，每逢元宵節和七月十五的中元節均舉行摔跤比賽，許多帝王不僅愛看，而且有的還是摔跤能手。唐朝末年，朝廷還建立了官辦的相撲棚，收羅和訓練摔跤能手，入選者稱為相撲人，每當朝會、宴聚、祭祀之時，相撲人專門進行摔跤表演。

　　秦漢以來，摔跤的主要技術是較力量，並可以拳打腳踢，用擒拿方法扭斷手臂、腿腳，直至把對方摔死。到五代時期，摔跤的技術有很大的發展，注重輕快、敏捷的技巧。這

個時期出現了許多聞名全國的摔跤能手。

如著名摔跤手蒙萬贏，他是一名職業摔跤手，十四、五歲時就「拳手輕捷」技術精進，比賽時常常獲勝，「受賜豐厚」因此得名「萬贏」。當時的著名跤手不僅自己鑽研技術，學有專長，而且樂於傳授他人跤藝，這對當時的摔跤活動的推廣和技術的發展起了促進的作用。

五代時期，產生了我國第一部關於摔跤的書籍──≪角力記≫，詳細記載了我國古代摔跤運動的發展情況。敦煌莫高窟的藏經洞裏，發現過兩幅唐代相撲圖，一幅是佛幡絹畫相撲圖（圖5），一幅是白描相撲圖（圖6）。圖中所畫的摔跤手，都只穿護襠，其餘各部裸露，顯示出摔跤選手的肥大的身軀和凸起的肌肉。圖 5 畫的是摔跤手的預備姿勢，準備一決勝負。圖 6 畫的是兩人緊張交鋒，各不相讓的場面。

圖 5　　　　　　　　　　圖 6

宋朝建立，結束了五代十國封建割據的局面，經濟繁榮，國泰民安，摔跤活動更為盛行。當時，不僅在宮廷內有專

門訓練的摔跤班子——「內等子」，而且在民間出現了「相撲社」（或叫角抵社）。

宋朝時期還經常舉辦比賽，為了適應比賽，還制訂了一套比較完整的規則和獎勵辦法。據≪都城紀勝‧瓦舍衆使≫「相撲」條記載：「相撲爭交，謂角抵之戲，別有使拳，自為一家，與相撲曲折相反」，這說明宋代的摔跤與「使拳」不同，比賽中不許用拳打人，目的是將對方摔倒。「露台爭交」在宋朝普及較廣，大凡摔跤比賽，兩兩相當，在露台上進行對抗賽，以摔倒對方或將對方摔至台下，方為獲勝。

≪水滸全傳≫中就有描寫燕青摔倒當時稱雄一方的摔跤高手任原的情景。當時，根據「社條」（即規則）規定雙方「不許暗算」，勝負有「部署」（即裁判）判決，比賽時由「部署」向雙方高喊「看撲」，比賽方可開始，勝者可得「金銀器皿、錦繡緞匹」和「全副鞍轡」的「駿馬」。這說明宋代的摔跤比賽不僅已有較完整的規則和獎勵辦法，而且還有裁判員擔任宣判勝負的工作。

宋代宮廷辦的「內等子」其任務有三，一是為皇帝、后妃表演，作為宮內文娛生活的一部分。二是作為禮樂的部分內容。凡是宮廷內部舉行的大宴會，如宴請國外使節都有相撲手炫耀武威。三是護衛宮廷。在皇帝出行時相撲手則為前導，以加強安全措施。

「內等子」的配制、管理上有一套嚴格的制度辦法。當時設有專門管理訓練和比賽的軍頭司，對摔跤手定有甄別、考試、選拔、晉升和賞賜制度。

「內等子」每三年進行一次大考，通過考試進行調整，優勝者發給錢糧和絹帛之類的獎品，並按成績的優劣，分別提升晉級，不合格者可分配各地充任「管營軍頭」之職。

　　「內等子」摔跤手的比賽，很大程度是表演性質，對抗性的成分較少。

　　宋代是我國封建社會工商業繁榮的時期，適應從事商業活動的市民娛樂的場所──瓦市也就應運而生了。南宋後期，臨安城就有大小十七處瓦舍。

　　據≪武林舊事≫記載，愛好摔跤的民間藝人組織「相撲社」，在瓦舍中進行摔跤表演。當時在瓦舍中表演摔跤的方式較多，有「小兒相撲」、「喬相撲」、女子相撲和成年男子相撲。他們表演時，總是「先以女子數對打套子，令人觀睹，然後以臂力者爭交」（≪夢粱錄≫卷二十），說明先以女子摔跤為先導，來吸引更多的觀衆。這時的摔跤技術突出一個「快」字，以快取勝。

　　所以，南北宋時湧現出許多好手，如「周急快」、「董急快」、「王急快」以及「女急快」，這些人都是以「急快」的動作而出名，以至史籍中都將其綽號寫入，足以說明這一時期的摔跤技術特色。當時的民間摔跤藝人思想保守，收徒很嚴，據傳有三不收（不收宮宦子弟，不收已婚的，不收兩個徒弟）；三不傳（不傳六耳、不傳女、不盡情）；三不說（不向局外人說行話，對顧主不說真話，對同行不說滿話）。

　　元朝時期，各民族的習武活動都受到不同程度的限制，摔跤活動也處於低潮。明朝建立後，隨著社會經濟的日益發展，摔跤活動又開始活躍起來。為了提高和推動摔跤技術的發展，設有專門研究摔跤的機構。

　　明朝萬歷年間出版的≪萬法寶全≫一書中，就有古摔跤圖樣。當時把摔跤列為六御之內，作為軍隊作戰訓練的重要手段。據≪明史‧江彬傳≫中記述，御史喬白岩和應天府丞冠天敍還很注重選材和採用針對性的訓練（別教法勢）方法

，在戰術上注意到以矮制長，這些，無疑是對摔跤在選材、訓練以及戰術運用上的一大貢獻。

西元1638年，明朝官員陳元贇，為了復興明朝的天下，東渡日本，求援兵於德川幕府，結果求援未遂，留居日本，這樣陳元贇就把中國武術和摔跤傳到了日本，後經日本改革和發展，成為日本現在的相撲和柔道。

清朝用武力起家，入主中原，一直保持著尚武崇戰的風氣，加之清朝歷代皇帝大力提倡摔跤運動，因而「布庫」之戰得以廣泛傳播。

康熙即位，年方八歲，朝廷執政大權被鰲拜所壟斷。據姚元之《竹葉亭雜記》中記載：「聖祖仁皇帝之登極也，甫八齡。其時大臣鰲拜當國，勢炎甚張，而以帝幼，肆行無忌。帝在內，日選小內監強有力者，令之習布庫以為戲，鰲拜或入奏事，不之避也，拜更以帝弱而好弄，心益坦然。一日入內，帝令布庫擒之，十數小卒執鰲拜，遂伏誅。」

由於康熙皇帝親自提倡，摔跤運動盛極一時。凡遇宮廷宴樂、禮賓集會、時令假節，皇帝總要在大庭廣眾中進行摔跤表演，場面很是壯觀。現存北京故宮博物院的清朝《塞宴四事圖》，真實地描繪了摔跤的比賽情景。參賽者白衣短袖，赤腳上場，兩人一對，其攻守進止，身形步法，無不活靈活現。當時，蒙古族也派出名摔跤手，與清廷的布庫名將角鬥，在比賽中，清廷的布庫跤手屢占上風，往往技高蒙古人一籌。

布庫是滿族形式的摔跤，多重於腿腳上的功夫。而當時的漢族摔跤則常用手臂搏鬥和用腰腿功，攻防技術全面，招式手法變化無窮，深受滿族布庫手的喜愛和重視，所以布庫逐漸從漢族摔跤中吸取精華。

據≪旗下散記≫錄:「善撲,布庫之變名云。」由於清代皇帝重視摔跤運動,所以,在清廷內部領侍衛府上設有善撲營,專門訓練布庫手。

善撲營是專門訓練清廷八旗貴族子弟的摔跤專業組織,共三百餘人。由都統、副都統管轄,下設兩翼,每翼設翼長、剛爾達(滿語、總教練)。兩翼稱東營、西營,東營在今北京市交道口南大街大佛寺內;西營在小護國寺內(今北京的西四北,現舊址仍在)。這兩個營地也是當時各私跤廟的首廟。

在清代中葉不只是八旗子弟通曉摔跤,連王工貴族也不例外。如乾隆皇帝的胞弟特別喜愛摔跤,被臣民稱為「神力王」。曾有個神力王摔死少數民族的名跤手「大牤牛」的傳說。善撲營的布庫按技術優劣分為頭、二、三、四等,按等級領取俸祿。

清代善撲營,不僅負有訓練和比賽的任務,而且還擔負著侍衛宮廷、擒拿罪犯、制服強寇的使命。

善撲營的布庫手平日在營中進行訓練,研究技術,清帝賜宴外藩群臣要舉辦大規模的摔跤比賽時,各級布庫手可以大顯身手。此外,每年臘月二十三日祭灶日,跤手們要在宮中養心殿前為清帝表演,名為「撩灶」(也稱料灶)。

除夕,清帝還在儲秀宮中觀看善撲營布庫手與外宮(多係蒙族跤手)比賽,名為「客皂」。參加比賽的善撲營跤手都是經過挑選的優秀選手,並有硬性規定:只許贏不許輸。

跤手的裝束也很別緻:餓荏剃頭,刮得頭皮呈淺豆綠色,如有絡腮鬍則一直刮到腮際,很小的跤辮盤在腦後,身穿什錦白實納的褡褲(跤衣),腰扎駱駝絨繩,身穿彩色疊折短水裙,褲外穿套褲(沒有褲腰和褲襠),足登高靿兒及膝

的三道牙縫一道臉的笑鼻螳螂肚白千層底跤靴。個個跤手都顯得威風凜凜，確有跤中武魁的氣概。

比賽場地亦非尋常，除了事先由都統率先焚香祭地外，場地布置森嚴，小金殿前攤舖平整而又特大的雙層獅子滾繡球藏毯。比賽前由主辦侍衛傳諭都統，都統跪下聆旨，傳告場上剛爾達（即皇帝面前的裁判）。剛爾達叩頭起立後，高聲呼喚出場的布庫手姓名，布庫在側殿幕後，以洪亮的聲音答「有」。於是由旁人掀幕，布庫亮相出場，跳著優美的滿族跤步（俗名黃瓜架）與對方對圓。

蒙族跤手同樣由剛爾達呼名出場，穿的是黃銅釘帽兒的坎肩式甲胄褡褲，肥大的水裙、套褲、高靿撅嘴牛皮靴，跳著有力的蒙族跤步到場中央，雙方互相施禮後，開始比賽。根據比賽成績給予獎勵。

此外，善撲營每年還要舉行升級賽，規定每年的正月二十九日在中南海紫光閣，清帝大宴功臣時令本營兩翼布庫手進行比賽，名為「拿等兒」賽，即升級比賽。優勝者可以進升級和受到獎勵。常勝的名跤手由清帝賜名為御前布庫，視為侍衛。當時名揚一時的御前布庫有關文、大祥子、關文會、文剛達、徐剛達等人。

總之，摔跤運動由於清代皇帝的大力提倡，滿族、蒙族和漢族跤手相互學習，取長補短，使摔跤技術不斷提高、不斷完善，最終發展成近代中國式摔跤，所以說，中國式摔跤是我國各族跤手共同創造和發展起來的。

第二節　我國的女子摔跤

我國女子摔跤，歷史悠久，早在一千七百多年以前便開

始了。魏晉之際，東吳的宮廷中已出現了女子相撲。

≪江表傳≫中記載，吳帝孫皓為了觀賞取樂，常令宮女們戴著金步搖（古代的首飾）進行摔跤，朝夕之間，摔壞的步搖往往數以千計，不得不令工匠重新製作。由此可見，當時參加摔跤的宮女為數頗多。

隋唐時代，女子摔跤有了進一步的發展，摔跤場所已從宮廷發展到民間。

≪禁斷女樂敕≫中云：「廣場角抵，長袖從風，聚而觀之，浸以為俗。」生動地描寫了民間女子在廣場上摔跤吸引了廣大觀衆的熱烈場面和人們喜愛觀看女子摔跤的風俗。

到了宋朝，女子摔跤有了長足的發展，服裝已與男子相差無幾，短袖無領，臂膀頸項外露。景定年間（西元1260～1264年）京城杭州著名的女摔跤手有賽關索、紅三娘、黑四姐等人。她們不僅在杭州的街市表演，而且和杭州城外各州郡道縣的名手較量，這說明女子摔跤在宋代已經開展得相當廣泛。

西元1271年，蒙古貴族忽必烈入主中原建立元朝。蒙古人在內遷的同時帶來了傳統的摔跤。在這一時期，出現了前所未有的以摔跤擇婚的軼事。

據≪馬可波羅遊記≫記載：「忽必烈的侄兒海都王有個身高體壯的女兒叫艾吉阿姆，她提出的條件是：貴族青年和她角力獲勝者方能娶她為妻；敗在她手下者，非但婚事不成，還要賠上一百匹駿馬。消息傳開後，前來求婚的絡繹不絕，都一一敗在她的手下。艾吉阿姆先後贏了一萬匹良馬。

明清時期，由於「閨教」的束縛，婦女摔跤運動之風日衰，只是在邊遠的少數民族中還流行。

第三節　中國式摔跤的現狀

中國式摔跤是我國各族人民喜聞樂見的運動項目之一，有廣泛的群眾基礎。但是新中國成立前，中國式摔跤運動已瀕于失傳，當時只有一些民間跤手酷愛這項運動，在飢寒交迫的困難條件下，仍堅持苦練，在北京、天津、瀋陽、上海等地先後出現了跤場。當時，較聞名的跤手有：北京的寶善林、魏德海、陳德錄、沈友三、單士俊等；天津的張洪玉、張連生、張魁元、張大利、王海兆、周風榮、周風華等；瀋陽的薄恩富（天津人）、徐俊清；上海、南京一帶的亞永祿（北京人）、宋振甫、田玉榮、趙雲亭等；濟南的佟順錄及張家口的洪立厚等人。這些技藝精湛的民間跤手，對繼承和發展中國式摔跤運動起到了一定的作用。

新中國成立前，曾舉辦過全國性的摔跤比賽。1928年，「中央國術館」舉辦的「第一屆國術國考」和1933年的「第二屆國術國考」中，都沒有中國式摔跤比賽，1935年在青島舉行的第十七屆華北運動會和1947年在上海市舉辦的第七屆全國運動會上，也把摔跤列為比賽項目。當時由於規則不完善，比賽中常常出現抓褲子、拳打腳踢及使用反關節的動作，結果，受傷者甚多，被當時的報刊評為「摔跤場成了鬥牛場」。

新中國成立後，在黨和政府的重視、關懷下，深受各族人民喜愛的傳統項目──中國式摔跤運動，與其它體育傳統項目一樣獲得了新生和發展。

1953年，在天津舉行的全國民族形式體育表演及競賽大會上，11個單位的摔跤選手參加了比賽，從此，中國式摔跤

正式列為比賽項目。

　　1956年在北京舉行了全國摔跤錦標賽，22個省、市、自治區的102名運動員參加了比賽。內蒙古的僧格、其木德，天津市的楊子明，上海市的宋保生，榮獲我國第一批中國式摔跤運動健將的光榮稱號。

　　全國運動會都把中國式摔跤列為比賽項目，四年一屆的少數民族運動會和農運會將中國式摔跤列為重點比賽項目。國家體委審定了中國式摔跤競賽規則，有的體院還設置了中國式摔跤課程，有的省、市業餘體校也設有中國式摔跤班。

　　中國式摔跤已向世界推廣。袁祖謀、王世元、翁啟修、鄭行平、林起凱、葛學讓、吳慕雲等人分別在法國和美國的德克薩斯州、俄亥俄州、喬治亞洲、伊利諾州、紐約、芝加哥等地推廣中國式摔跤，深受當地群眾的喜愛，當地還經常舉行小型的摔跤比賽。

第四節　我國少數民族的摔跤

　　在我國廣闊的疆域裏，自古就居住繁息著許多生活習俗不同的少數民族。由於這些少數民族居住地區的差異，生活特點不同，所以，各少數民族的摔跤風采各異，摔法不一，並各自具備較完整的規則和獎勵辦法。

雲南省少數民族的摔跤

　　雲南省流行的摔跤是雲南省各少數民族喜愛的民間體育活動。他們利用農閑，節假日進行摔跤比賽，特別是每年農曆六月二十四日「火把節」時，摔跤活動達到高潮。電影《阿詩瑪》中有句歌詞是「誰要是摔跤摔得贏，繡朵山茶花獻

給他」，可見摔跤能手在當地還是姑娘們傾心愛慕的對象。

雲南各族人民為什麼這樣喜愛摔跤呢？

傳說很早很早以前，有兩個勤勞勇敢的跤族兄弟，放牧著一群牛羊。一天，兄弟倆看到兩隻羊打鬧，不分勝負，很有意思，於是就模仿羊的動作，互相摔起來，並規定以雙肩或單肩著地為失敗。這樣，日復一日，年復一年，摔跤活動就流傳開了，沿襲至今。

現在，每次摔跤比賽前，不論是運動員、裁判員還是觀眾，都彈起民族樂器，唱起民族歌曲，跳起民族舞蹈，歡聚在摔跤場上。裁判員首先進入摔跤場內，號召願意參加比賽的運動員入場，運動員入場後在裁判員的攙扶下，詼諧地繞場一周，徵求對手入場比賽。

對手入場後，雙方擁抱，然後雙手高舉，輕輕下落，表示在比賽中要高高抱起對方，往下摔時則輕輕放下，以示友誼。比賽時赤背袒胸，穿短褲，腰上繫一根帶子，全身可以握抱，可以抓腰帶，不許抓短褲。把對方摔倒後，可以繼續翻滾，直至使對方單肩或雙肩著地才算勝一跤。

每場比賽採取三跤兩勝制。裁判員在地上滾動一次，表示某方勝一跤。比賽不受時間限制，勝者留在場內繼續比賽，直至敗給對方才退出場外，延至最後沒人出場比賽時，則由舉辦單位派一人出場，與優勝者比賽。

雲南流行的摔跤類似自由式摔跤，所以，雲南省自由式摔跤在我國跤場有一定的優勢。

蒙古族的摔跤

蒙古族摔跤是我國內蒙古地區蒙古族特有的傳統體育項目之一，有悠久的歷史和獨特的民族風格，深受廣大牧民的

喜愛。每年夏、秋兩季，牧民們在草原上歡慶豐收的日子裏舉行「那達慕」大會（「那達慕」是蒙語「娛樂」或「遊戲」）。摔跤比賽是大會上最受歡迎的項目，禮儀十分隆重，參加比賽的「布合」（摔跤手），按蒙古族的傳統習慣身著嵌有銅釘或銀釘的皮質「召得格」（摔跤衣），繫腰帶，穿肥大的褲子和高靿馬靴，給人以健壯有力的印象。

參賽的「布合」分站兩列，高歌「布合干塔爾見！」（放出你的勇士！），手舞足蹈地跳入賽場。

比賽採用單敗淘汰制。參加「那達慕」大會摔跤比賽的人數必須是 2 的乘方數，如 2、4、8、16……，規模最大的比賽為 512 人。比賽只許抓上衣和腰帶，不許抓褲子。可以用腿使絆，但不能抱腿。比賽不分體重級別，不受時間限制，把對方摔倒或使對方手、膝著地為勝，失敗者退出賽場，由另一名選手和獲勝者比賽。

保持不敗者，授予最高榮譽稱號──「巨人」，獲 11 場以上的勝者稱「獅子」，勝 9 場者稱「大象」，獲 6 場勝者稱「雄鷹」。按獲勝的名次，分別給予獎勵。

朝鮮族的摔跤

朝鮮族摔跤是我國吉林省朝鮮族同胞喜愛的民族傳統體育項目之一。每到喜慶豐收的日子，朝鮮族人民穿上節日的盛裝，載歌載舞地進行摔跤、跳板和打秋千比賽。

朝鮮族摔跤有特色，比賽時，雙方運動員都在自己的右腿上繫一根帶子，用各自的左手臂穿過對方右腿上的帶子，右手互相扶著對方的腰，同時左腿跪在地上。裁判員發出開始的口令後，雙方運動員站起來用各種進攻方法，直至把對方摔倒為止。比賽不受時間限制，採取三跤兩勝制。摔倒對

方後，裁判員給勝者頭上繫一根彩色綢帶，以示勝一跤，比賽結束後，根據名次予以獎勵。

維吾爾族的摔跤

維吾爾族摔跤是新疆維吾爾族人民喜愛的傳統體育項目，在節日和盛會上舉行比賽。

比賽時，推荐一名有威望的人擔任裁判員，獎品就放在賽場上。裁判員先向運動員講幾句鼓勵的話，然後參加比賽的運動員身著民族服裝，繫腰帶，比賽開始前雙方相互抓好腰帶，裁判員宣布比賽開始後，雙方可用手臂和腰部技術將對方摔倒並使對方肩背著地為勝，不能用腿使絆和抱腿。

連續戰勝 5 人為優勝者。比賽採用三跤兩勝制，一般先由年齡小的跤手開始比賽，年齡大、技術好的跤手安排在後面。優勝者由其父母或親友簇擁著抬出場外。

藏族的摔跤

藏族人民也很喜愛摔跤運動。藏族人民中流傳著這樣一句諺語：「草原上的格桑花有多少朵，藏家就摔了多少次跤。」

傳說在很古老的時候，藏民在草原上放牧，漢子們望著揚蹄奔馳的駿馬，心裏很是高興。突然，一匹青鬃烈馬和棗騮馬飲水時廝咬起來，一位放牧的大漢怕它們鬥傷，跑過去抓住青鬃馬的韁繩。高大健壯的烈馬拼命掙扎，棗騮馬也咆哮著撲過來，人們都擔心大漢被馬咬傷。

剎那間，只見大漢一甩臂將青鬃馬拽倒，又伸出粗壯的穿長靴的腿將棗騮馬絆翻，兩匹烈馬被大漢馴服了。在旁觀看的放牧人都高興極了，空閑時，他們都模仿漢子的招式，

拽臂伸腿，於是，藏族的摔跤活動開始了。

在西藏還流傳著藏族跤手和漢族跤手相互學習的動人故事。那是唐朝文成公主遠嫁松贊乾布時，和親的大隊人馬走過怒江畔的草原，這裏的藏族同胞吹響長筒號，跳起弦子舞，向漢族的友好使者獻上了吉祥的哈達。藏族跤手獻藝助興，為文成公主表演了古老的藏跤。善良有心的公主，不僅帶來了工匠、綢布和種子，還帶來了漢族跤手。

公主在金珠罩馬車內含笑揮手，一位漢族跤手脫下棉袍，與藏族跤手較量起來，漢族跤手故意把動作放慢，使一招一式都讓圍觀的藏胞看得清清楚楚，並露出破綻，讓藏族跤手摔倒。公主一合掌，帶著武士踏上了怒江上懸晃的鐵索橋。望著嗩吶聲中遠去的錦旌繡罩，藏民們才恍然大悟，這是漢族兄弟故意把嫻熟跤藝介紹給他們的，從此，藏跤中又融匯了漢族的跤技而更加凌厲勇猛。

侗族的摔跤

侗族的摔跤具有獨特民族風格。貴州省黎平縣四寨坑洞地區，每年農曆二月十五日為摔跤比賽日。

當日參賽的各組前幾名選手可參加農曆三月十五日四寨摔跤比賽大會。這個比賽活動已有一千多年的歷史，據說三國時期，諸葛亮為了政治上的原因，鼓勵和支持侗族人民摔跤，摔跤活動由此興起。

每年秋後，侗族自治州各地選拔優秀摔跤手。對跤手的要求是手腕有力，步履堅實，四肢動作協調一致的男青年，跤手選出後，在教練員的指導下進行訓練。到了比賽日期，由賽老帶領跤手們進入賽場，然後宣布比賽程序以及參賽注意的事項，並要求跤手在比賽時和睦友好。

　　三聲炮響，摔跤比賽開始，跤手互相施禮，然後將賽老授予的布帶纏扎在對方的腋下，雙方賽老發「起」的口令，比賽就開始了。

　　侗族摔跤的主要方法有四種。

　　第一種是提摔：使勁將對方提起騰空，使其失去平衡而倒地。

　　第二種是絆腳摔：雙方對峙時，趁對方移動步法之機，用自己的腳絆對方的腳，將對方絆倒。

　　第三種是拉摔：就是使勁地猛拉對方，使對方立足不穩而倒地。

　　第四種是抱摔：雙方緊緊地抓住對方，左右扳動以聲東擊西的技術，將對方摔倒。

　　所以，侗族摔跤主要是力量，其次是技巧。摔跤選手必須在戰勝幾人或十幾人後，賽場上無人敢出來對陣時，才能樹旗「掛榜」，成為本屆摔跤比賽的冠軍。

第二章　基本功及其練習方法

　　任何一項競技體育運動都有一套與其項目特點相適應的基本功與練習方法，摔跤運動也不例外。摔跤基本功既有單式練習又有聯合練習，既有徒手練習又有器械練習。

　　摔跤的基本功不僅是熟練地掌握和提高摔跤技術的重要環節，而且是有效地發展專項身體素質的重要手段。摔跤的技術是千變萬化的，只有全面地掌握摔跤的基本功，練習基本功，才能為掌握摔跤技術打下良好基礎。

第一節　倒地功

　　中國式摔跤是一項對抗性很強的項目，目的是要摔倒對方而自己保持平衡。常言道：「要想摔人，必須先會挨摔。」這就是說，練習摔跤，要先學會倒地的功夫，才能避免受傷，做到自我保護，同時鍛鍊身體能經受震動，發展靈敏、協調等身體素質。在練習倒地功時，必須注意：

　　1.倒地時，身體接觸地面的面積要大。

　　2.倒地時，要憋氣、團身、全身緊張，以免內臟受到震動。

　　3.手撐地時，手指稍向裡扣，屈肘。

　　4.被摔倒時，要及時鬆手，以防砸傷。

　　倒地功的內容有：

　　1.**前倒**：同「前滾翻」的動作。

2.**左前倒**：由左架開始，上體前傾，兩膝彎屈，左手在前，右手在後。左手指向裡撐地，接著迅速屈肘、低頭、團身左前滾。左肩先著地，然後右肩著地。

3.**右前倒**：方法與左前倒相同，只是向右前方倒地。

4.**左後倒**：由左架開始，低頭、團身、屈膝，身體向左後方倒。左手指向裡，並在身體左側撐地，然後迅速屈臂，使身體向左後方著地。

5.**右後倒**：方法與左後倒相同，只是向右後方倒地。

6.**後倒**：同「後滾翻」，但手臂和後背要同時著地，低頭、含胸、憋氣。

7.**直立前倒**：身體直立前倒，兩臂微屈，兩手手指稍向裡指，兩手撐地後，以迅速屈肘的動作來緩衝落地的衝擊力。在整個動作的過程中，要抬頭、憋氣、全身緊張用力。

練習倒地的功夫，最好從原地開始，根據掌握的情況，可改變姿勢或在活動中練習，逐漸增加難度，以適應比賽時的情況。

第二節　臂　功

臂功是發展上肢力量和耐力的練習方法，內容有：

1.俯臥撐（圖7）

動作過程：兩手撐地，略寬於肩，手指向前，雙臂伸直，兩腳前腳掌撐地，身

圖 7

體俯臥成一直線。兩臂屈肘時，整個身體慢慢下降，直至接近地面（不能著地）。然後兩臂伸直，使身體上升還原。練習時，要求直體起落。還可用手指撐地和改變兩手間的距離，以增加練習的難度。

2.推啞鈴或推磚（圖8①②）：推啞鈴是摔跤運動員必練的基本功。它可增長手臂的支、拉、擁、握的力量以及下肢力量。

圖8①　　　　　　　　圖8②

動作過程：兩腳與肩同寬，半蹲，兩手握啞鈴於體側，屈肘，手心向上。右手向前推出向下翻轉成平舉，手心向下，然後右手拉回於體側，手心向上。同時，左手推出，動作同右手。兩手交替進行，推時要乾脆、速度快。

推啞鈴、推磚可以結合各種步法移動進行練習。如長腰推、矮步推、上步推、背步推、敗步推等。

3.擰小棒：擰小棒的練習主要發展前臂和手指的握力。

其方法有：

(1)捻棒（圖9）

動作過程：兩腳平行並立，與肩同寬，兩臂前平舉，兩手握棒的兩端，手心向下。兩手分別向相反方向擰卷小棒。捻棒時，可做體前屈、體側屈以及走矮子步等練習。

圖9　　　　圖10①　　　　圖10②　　　　圖10③

(2)揣棒（圖10①②③）

動作過程：兩手在體前握棒，手心向前，兩手向右上舉至右肩上，左手向外翻轉，右手向裡翻轉。然後兩手下推至兩臂伸直。接著，兩手向左上舉至左肩上，右手向外翻轉，左手向裡翻轉，兩手再下推至兩臂伸直。左右交替進行。

(3)千斤棒（圖11）

動作過程：小棒中間繫一重物，兩手平舉握住小棒的兩端，然後轉動小棒，把重物卷上來，再放下去，反覆多次。

4.平推杠鈴（圖12①②）

快速平推杠鈴，發展上肢推拉的力量。

　　動作過程：兩腳左右開立，與肩同寬或兩腳前後開立。兩手提杠鈴至胸前，手心向上，兩臂同時向前平推，然後迅速拉回。練習時，要求推出要直，速度要快。

　　5.抖皮條：抖皮條是中國式摔跤的主要基本功。由於皮條是兩股，抖起來會發出有節奏的崩擊之聲。主要發展上肢的抖動暴發力，同時對發展腰部和腿的力量也有很大的作用。

圖　11

圖12①

圖12②

　　(1)原地抖（圖13①②③）

圖13①　　　　　圖13②　　　　　圖13③

圖14①　　　　　　　　圖14②

圖14③　　　　　　　　圖14④

　　動作過程：兩腳左右開立，與肩同寬。兩手虎口相對於體前握住皮條兩端。左手向右前上方抖出，右手向右後下方拉。然後右手向左前上方抖出，左手向左後下方拉。抖拉要突然，要有脆勁。

　　(2)長腰抖（圖14①②③④）

　　動作過程：兩腳平行站立，與肩同寬。握皮條於體前。上左步左手向前抖皮條，並屈肘，右手後拉。兩腿成左弓右繃，然後背右步，左手後拉，右手向左前方抖出皮條並屈肘，接轉體長腰右手向後拉，左手向前抖出皮條並屈肘，兩腿成右弓左繃。然後上右步，動作過程與上左步相反，反覆進行。

　　(3)崩抖（圖15①②③）

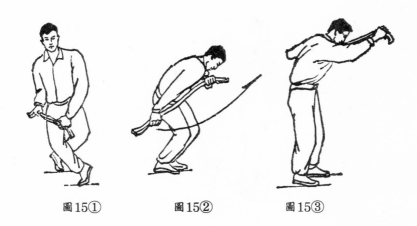

圖15①　　　　　　圖15②　　　　　　圖15③

　　動作過程：上右步，右抖左拉，背左步，左手抖出並屈肘，右手後拉，成準備崩抖的姿勢，然後向左轉體，上體稍前傾，雙腿成半蹲，右手向前抖出並屈肘，左手後拉。上左

步，動作過程與上右步相反，反覆進行。

第三節　腿　功

腿功，主要是發展腿部力量、耐力以及腿部的靈活性。腿功的好壞直接影響著技術的發揮和反攻、防守的能力。其練習方法是：

1.壓腿：分正壓腿和側壓腿

⑴正壓腿（圖16）

動作過程：正面把腿舉起放在適當的高台，或木架上，腳尖回勾，兩腿伸直，上體帶動雙手下壓舉起腿的膝蓋，兩腿交替進行。

⑵側壓腿（圖17）

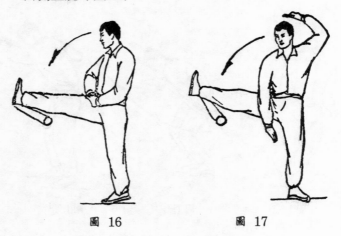

圖 16　　　　　　　　圖 17

動作過程：與正壓腿相同，只是舉起腿的同側手臂向下伸展，上體側壓，另一手上舉。兩腿交換進行。

2.橫叉、豎叉：

⑴橫叉（圖18）

動作過程：兩手在體前扶地，兩腿左右分開，成一橫直線，兩腳內側著地上體直立、挺胸。

⑵豎叉（圖19）

圖　18

圖　19

動作過程：兩手分別在體側扶地，兩腿前後分開成一直線。前腿腳跟著地，腳尖勾起，後腿腳背著地。上體直腰前傾下壓，雙手後扳腳尖。

3.踢腿：

⑴正踢腿（圖20）

動作過程：兩手叉腰或成側平舉，兩腿交替向頭上踢擺，踢起後腳尖勾起。

　　(2)側踢腿（圖21）

　　動作過程：右腳向左前方上步，左腿勾腳尖向左上方踢，右臂屈肘上舉，左臂垂在襠前。身體直立，踢腿要快而有力，左右交替進行。

　　(3)蹲踢腿（圖22）

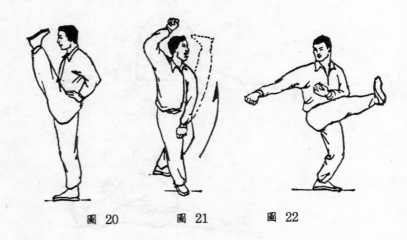

圖 20　　　　　圖 21　　　　　圖 22

　　動作過程：馬步站立，腳尖稍裡扣。右腿伸直並勾腳尖向左前上方踢起，左腿保持下蹲的姿勢。右腿還原後再踢左腿。兩腿交替進行。

　　(4)外擺腿（俗名過腿。圖23①②）

　　動作過程：兩腿並立，兩臂側平舉。左腳向左前方邁半步，右腳尖前勾緊向左前方踢起並向右划弧掃面而過。右腳落地後再踢左腿。為增加練習難度，可採取半蹲姿勢進行。此基本功可防「大、小得合」，還可用此腿背步作支撐腿進攻。

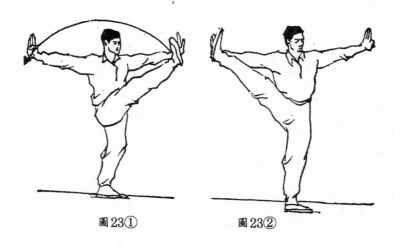

圖23①　　　　　　　　圖23②

⑸後踢小腿（俗跪腿。圖24）

動作過程：兩腳左右開立，與肩同寬，兩膝稍屈。屈左膝，向後踢起左小腿，左腳跟接觸臀部。練習時，上體不能左右移動，速度要快，兩腿交替進行。此基本功主要是防各種踢、搓和挽，同時也是進招的前奏。

⑹盤踢（圖25）

動作過程：兩腳左右開立與肩同寬。右腿屈膝，右腳跟順左大腿前面向上踢起（如踢毽子），腳掌盡量上翻，左腳跟微向外轉。此基本功是反攻技術的一種輔助練習。

⑺大轉腳（俗名大鑽子、大挽樁。圖26①②）

動作過程：兩腳左右開立，比肩稍寬，兩拳抱於腰側。蹬左腿，以兩腳的前腳掌為軸，腳跟轉動，屈右膝成右弓步。轉動時，左腿向後繃，右膝向前頂，兩腳跟轉動時不離地，身體隨著轉動。然後再蹬右腿成左弓步，左右交替進行。此基本功主要是對進髖技術的反攻練習。

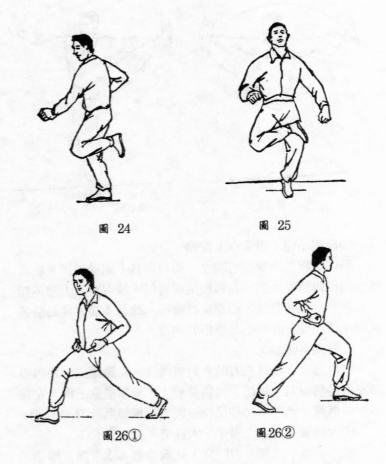

圖 24　　　　　　　圖 25

圖26①　　　　　　圖26②

(8)小轉腳（俗名小鑽子、小挽椿。圖27①②）

　　動作過程：兩腳左右開立，與肩同寬，雙手垂於體側。
兩腳以前腳掌為軸，右腳跟向裡轉，腳跟不離地面，左腿跟
向外轉，屈膝深蹲，左膝貼在右腳外側而不跪地，坐在左小

腿上，左腳跟抬起。然後站起來，再向左轉、深蹲。左右交
替進行。此基本功主要是練習腿部力量和腳左右轉動的靈活
性。

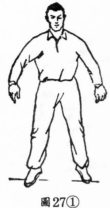 

圖27① 　　　　　　　　圖27②

(9)抽腿（圖28①②③④）

圖28① 　　　　　　　　圖28②

圖28③　　　　　　　　圖28④

　　動作過程：兩腳左右開立。與肩同寬。右腳向左前方上步，左腿背步，兩腳在一橫線上，兩腿交叉深蹲，左膝貼在右踝外側。站起時，以左腳前腳掌為軸，左腳跟向外轉，同時，右腿屈膝從左膝上抽出落在右後方，向右轉體，眼向右後方看。左臂向右前方轟，右臂向右後拉。左腿繃右腿弓。兩腿交替進行。此基本功主要用於「防搓」和準備進招。

　　⑽跳八面（俗名跳八扇。圖29①②③④）

　　動作過程：兩腳開立，與肩同寬，兩膝微屈。兩腳蹬地同時跳起，落地成兩腳前後開立的弓步；兩腳再蹬地跳起，落地後成兩腳併攏的半蹲姿勢；然後兩腳蹬地跳起成左右開立的馬步。如此連續不停地跳起、下落成各個方向的弓步、馬步。此基本功主要練習下肢和腰部的力量以及提高進攻技術的橫豎襠與叉襠的平衡能力。

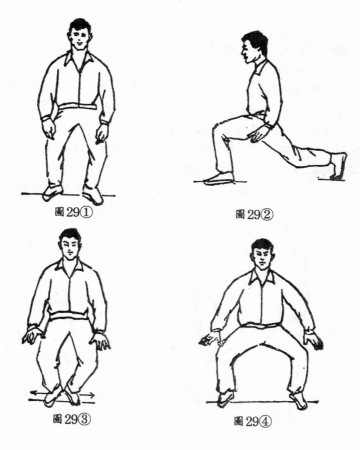

圖29①　　　　　　　　圖29②

圖29③　　　　　　　　圖29④

第四節　腰　功

腰功主要是發展腰部力量、柔韌性和肩、髋關節的靈活性。其基本功的練習方法有：

1.前俯腰（圖30①②）：

動作過程：兩腳併攏，兩臂上舉、兩手指交叉，手指向

上。上體前傾，兩手盡量貼地。然後兩手分開抱住腳跟，盡量使胸貼近大腿。練習時兩腿要直、膝蓋不能彎曲。

2.長腰（圖31）

動作過程：兩腳左右開立，身體左轉，兩臂隨轉體向左擺，右手向左前轟，左手向左後拉並屈肘，同時兩腿向左做「大轉腳」，挺胸、塌腰，身體前傾，成左弓步；然後向右做「大轉腳」，上體隨著向右轉體，左手向右前轟，右手向右後拉並屈肘，挺胸、塌腰成右弓步。左右交換進行。此基本功主要是發展腰部力量和靈活性及進行「絆」的專門練習。

圖30②　　圖31

圖30①

3.涮腰（圖32①②③④）

動作過程：兩腳左右開立，略比肩寬。臂自然下垂，以髖關節為軸，上體前屈曲。然後，上體由左向後、向右翻轉繞環，向後時，抬頭、挺胸、挺髖，身體成反弓形，兩臂隨身體轉動，兩手盡量向遠處伸展。左右涮腰交替進行，放鬆、自然。

圖32①　　　　　　圖32②

圖32③　　　　　　圖32④

4.下腰（圖33①②③）

　　動作過程：兩腳左右開立，與肩同寬，兩臂上舉，手心向上。上體向後彎曲，挺胸、挺髖、抬頭，身體成反弓形，然後手扶地。

圖33①

圖33②

圖33③

第五節　聯合功

　　聯合功是摔跤技術的專門練習。其主要練習方法有徒手聯合功和器械聯合功。

1.徒手背（俗名崩子。圖34①②③④）

圖34①　　　　　圖34②

圖34③　　　　　圖34④

　　動作過程：兩腳開立、站成馬步，兩手於體側抱拳。右
腳向左前方上步，右手前舉（圖34①），左腳背步，落在右

腳外側，下蹲，兩臂向身體右側掄擺（圖34②③）。同時以
兩腳掌為軸，身體左轉，上體微後仰，兩腿蹬直（即崩），
上體前傾，兩手從右肩上方向左下方掄擺，左手在身體左側
抱拳，右臂在體前屈肘，向左甩臉（圖34④），然後上左步
，向左重複上述動作。左右交替進行。

　　2.挑腿（俗名扔勾子。圖35①②）

圖35①　　　　　　　　圖35②

　　動作過程：右站架，左腿半蹲，右腿離地盤於左小腿前
，再向後上方挑踢。同時左腿蹬直，上體前傾，向左長腰、
甩臉，兩手向左後方拉（圖35①②）。左右交替進行。

　　3.抱腿（圖36①②③④）

　　動作過程：右站架，右腳向前上步，左腳迅速向前靠攏
，兩手隨著向下做抱腿的動作。抬頭、挺胸、塌腰。然後快
速起立。左右交替進行練習。

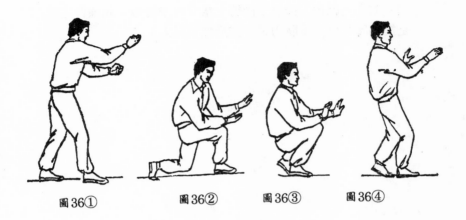

圖36① 圖36② 圖36③ 圖36④

4.立臥撐跳（圖37①②③④）

動作過程：身體由直立姿勢下蹲，兩手撐地，兩腳後跳使腳前掌撐地，兩腿蹬直成俯撐。然後屈腿、收腹成蹲撐，

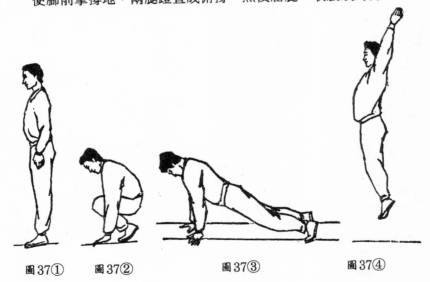

圖37① 圖37② 圖37③ 圖37④

起立並向上跳起，展體，兩臂上舉。可連續做。此練習主要
是提高腰腹以及下肢力量、靈活性及耐力。

第三章 基本技術

第一節 跤衣和練習場地

一、跤衣的規格和各部位的名稱

中國式摔跤衣和腰帶均用六層棉布製成，背部及腰以下的部份可用四層棉布製作，腰帶的長短可根據摔跤衣大小來定，腰帶寬2.5厘米。摔跤衣分四種型號：即特號、大號、中號、中號。摔跤衣和腰帶分桔黃（或白色）和藍色兩種。質量要求結實柔軟。製作規格參見圖38。

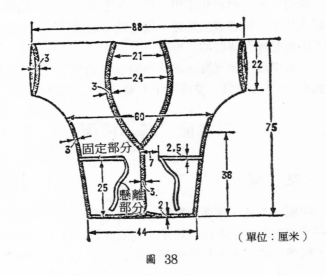

（單位：厘米）

圖 38

跤衣各部位名稱（圖39①②）

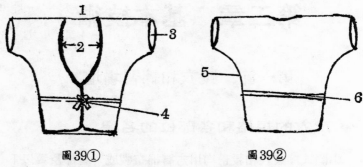

圖39①　　　　　　　　圖39②

1.大領　2.偏門　3.小袖　4.中心帶　5.小衩　6.後帶

二、練習場地

　　練習場地分簡易和正規兩種。街頭巷尾以及田間地頭的平坦土地，只需將表層耙鬆，就是簡易的練習場地。農村的打谷場更是練習摔跤的好地方。

　　正規場地由98塊海綿或棕墊組成，每塊墊子長2公尺、寬1公尺、厚10公分，整塊墊子上舖14見方的蓋單。

第二節　基本技術

一、站　架

　　中國式摔跤技術要求嚴謹，故站立的姿勢（即站架）也有一定的規範。站架的規範是：兩腳與肩同寬，上體稍向前傾，兩手半握空拳。然後一腳向前邁半步，腳尖稍裡扣，兩

腿稍彎屈。上手在前，底手在後。在前之腳為虛，在後之腳
為實，身體重心若以十計，則後腿約占六分，前腳約占四分
，後腳叫底樁。站架又分右架和左架，左腳在前的稱左架
（圖40），右腳在前的稱右架（圖41）。右架者，必須右手
在前，左架則必須左手在前。在前之手稱上手，稍後之手稱

圖 40　　　　　　圖 41

圖 42

底手（俗稱上把、底把）。一般說來，右站架的運動員右邊
進攻的技術多，左站架則左邊進攻的技術多。由於每個運動
員站架高矮不一，所以，又有高站架（俗稱熊架圖42）和矮
站架（俗稱虎架圖43）之分。由於兩人的站架不一，又分順
架和頂架。順架就是人都是左站或右站架（圖44①②），頂
架就是一人右站架，一人左站架（圖45）。

圖 43

圖44①　　　　　　　圖44②

圖 45

二、手法和步法

　　㈠**手法**：中國式摔跤特別講究手法，技術再好的運動員，如果抓不住對方，就無法將對方摔倒，常言道：「手是兩扇門，全憑腿贏人」，「輸跤不輸手」，說明了手法的重要性。手法是有一定規律的，對手抓住跤衣的什麼部位，就能知道對手準備使用什麼類型的技術，以及採取什麼樣的手法解脫，或反攻或防守都要胸中有數。中國式摔跤的手法就是在比賽時如何抓握對方適當的部位，以利於將對方摔倒。一般說來有八個部位或稱「八把手」，這八把手中有七把稱準手，即七個固定的部位，一把活手，即一個沒有固定的部位。七把準手是大領、小袖、直門、偏門、前中腰帶、後中腰帶、小衩；一把活手即封、化、攔截、隨機應變之手。

　　現針對幾種主要的抓握介紹解脫的手法：

　　1.掙腕（圖46①②）：穿白色跤衣者為甲，穿黑色跤衣者為乙。

乙左手握甲右手腕虎口朝前時，甲右臂可往後內滑脫。

圖46①　　　　　　圖46②

2.壓臂脫腕（圖47）

乙握甲手腕虎口朝上時，甲可下壓前臂解脫。

圖　47

3.豁臂脫腕（圖48）

乙握甲手腕虎口朝上時，甲可抬前臂，向前頂肘，使之解脫。

圖 48

4.搓拉脫腕（圖49①②）

圖49①

圖49②

　　乙右手握甲左手腕，甲右手握乙右手腕向上拉，被握手
腕向下搓，使之解脫。

　　5.圈臂（圖50①②）

　　乙握甲後腰帶，甲用手臂由乙腋下插入圈住乙的臂，便
可長腰。

圖50①　　　　　　　　圖50②

6.摘臂（圖51①②）

乙握住甲大袖，甲底手扣拿乙腕，甩臉送肩，使之解脫。

圖51①　　　　　　圖51②

7.繞臂（圖52①②）

乙伸手要抓甲時，甲一手隔擋，翻腕下接，另一手握其上臂往側腋下方向倒臂，並控制住對方，以便進攻。

圖52①　　　　　　圖52②

8.抓偏門解脫（圖53①②）

乙抓甲右小袖；甲左手抓乙左偏門，後撤右肩，同時左手攞乙的偏門，撤、攞要同時進行，要有脆勁，不能拖泥帶水。

圖53①　　　　　　　　圖53②

9.外壓解脫（圖54）

圖 54

乙右手抓甲左小袖，甲左手由內外按壓乙右上臂，同時向後縮左肩，將乙手解脫掉。

10.偏門解脫（圖55①②）

圖55①　　　　　圖55②

乙右手抓握甲右偏門，甲左手抓握乙大袖，突然向右後撤肩轉體，將乙手解脫掉。

11.反掛門（圖56）

圖 56

甲抓握乙偏門的手虎口朝下時，稱反掛門。

12.抓前腰帶解脫（圖57①②）

圖57①　　　　　　圖57②

　　乙雙手或一手抓握甲前腰帶。甲雙手手心向下握乙抓腰帶手的腕部，用力向下按壓，同時向後撤腰，將乙手解脫。

13.晃頭推肘（圖58①②）

圖58①　　　　　　圖58②

乙抓握甲大領，甲可向外晃頭，同時推乙肘部，使之解脫。

14.借手（圖59①②）

圖59①　　　　　圖59②

乙左手抓握甲大領，甲右手按壓乙左肘窩，便可使用踢、撝、別等動作。借對方的手所使用的絆子，叫借手絆子。

15.抱雙臂（圖60①②）

乙右手抓甲小袖，左手抓甲偏門，甲左手鎖握乙抓偏門之手，右手抱握乙右上臂，形成抱雙臂的手法。

㈡步法：中國式摔跤的步法與手法一樣重要，手是門，腿贏人，步子走對了才能贏人，走錯了就有可能輸跤。摔跤是在運動中進行的，其技術千變萬化，步法不靈活，身體的重心就難以調整，技術就難以發揮。所以，步法是摔跤攻守方法的基礎。摔跤的主要步法有：

1.蓋步（圖61）

甲左腳從右膝上往下蓋。蓋步是轉體絆子常用的一種步

法。

圖60①　　　　　圖60②

圖61　　　　　　圖62

2.背步（圖62）

甲左腳向左後方挪一步。背步也是轉體絆子的常用步法。

3.滑步（俗稱格登步。圖63①②）

圖63①　　　　　　　　圖63②

圖64①　　　　　　　　圖64②

　　甲前腳貼地向前滑動，後腳緊隨滑動。滑步主要是在扠
鰵（圖64①②）、挎樁、裝頂（圖65①②）等動作中使用。

圖65①　　　　　　　　　　圖65②

圖　66　　　　　　　　圖　67

4.車輪步（圖66）

甲以右腳為軸，左腳大步向撤，左腳所划的弧線像車輪，故稱車輪步，「插閃」使用車輪步。

5.敗步（圖67）

乙抱甲腰，甲不能進招，甲向側後方橫跨一步，稱「敗步」。

在兩人對練時，切忌走交叉步和併步，這兩種步法，支撐面積小，身體平衡難以掌握，對方只要一踢就容易摔倒。

三、基本技術

中國式摔跤的攻守技術複雜，動作繁多，常言道：「大絆三十六，小絆七十二」。但到底有多少絆子，誰也說不清，無論大絆子也好，小絆子也好，都是在手、腰、腿的協調配合下完成的。經常使用的主要政守技術有：

1.抓袖、領踢（俗名大拿踢、潑腳。圖68①②③④）

動作過程：甲右架，乙左架。甲左手抓袖，右手抓領，

圖68①

圖68②

圖68③　　　　　　　圖68④

左腳上步，落在乙右腳前，右手先向右上，再向右下方拉，左手向右上方支，迫使對方重心升高並移至左腳上，同時用右腳踢乙左踝外側，並向右轉體，眼看右手。

　　反攻：甲上步時，乙可用裡勾腿。

圖69①　　　　　　　圖69②

2.架攔踢（圖69①②）

動作過程：甲右架，乙左架。甲左手抓乙右小袖，右手扶乙肩，乙抓甲小袖和大領。甲向下拉底手，乙直腰，甲立即將右手插入乙右腋下用力向上向右架乙臂，同時上左步，用右腳攔踢乙左腳外側，將乙摔倒。

反攻：甲在使攔踢前，乙立即上步於甲襠中欺甲的底椿。

3.挽踢（圖70①②③④）

動作過程：甲右架，乙左架。甲左手抓乙小袖，右手抓腰帶，乙右手抓甲右小袖，左手抓大領。甲左手摘乙臂並跳步挽椿，乙急忙上左步，在乙左腳剛落地的一剎那，甲用右腳踢乙左腳跟，同時右手向後墜拉，將乙摔倒。

反攻：甲跳步挽椿時，乙立即抬左腿刀甲右腿或上步使趟耙。

圖70①　　　　　　　　圖70②

圖70③　　　　　　　　　　圖70④

4.落步踢（圖71①②③）

　　動作過程：甲右架，乙左架。甲右手抓乙腰帶，左手抓
小袖，乙右手抓甲小袖，左手抓大領。甲扯動乙時，乙走交
叉步，當乙左腳剛落地的刹那，甲立即用右腳踢乙左腳跟，

圖71①

圖71②　　　　　　　圖71③

並用右手下拉腰帶。只要瞅準落地的時機，踢的部位正確，
就會摔得很乾脆。

反攻：甲起腿時，乙立即跪腿使補踢。

5.捧踢（圖72①②③）

圖72①　　　　　　　圖72②

圖72③

　　動作過程：甲左架，乙左架。甲左手抓乙大領，右手握乙左腕，乙右手扶甲左臂，右手抓大袖。甲上右步，右手從乙左腋下向上捧乙，左手向左下拉乙大領，同時左腳攔踢乙右腳外側，將乙摔倒。

　　反攻：在甲向上捧乙時，乙向後撤腰，並壓甲臂使拍腿。

圖73①　　　　　　　　　　圖73②

圖73③

6.抹脖踢（圖73①②③）

動作過程：甲右架，乙右架。甲左手抓乙小袖，右手抓
大領，乙散手。乙想抱甲的右腿時，甲左腳向左滑步，借乙
低頭時，用右手向右下方抹按乙後脖，右手虎口朝下，同時
用右腳攔踢乙左腳，將乙摔倒。

圖74①　　　　　圖74②

反攻：甲要踢時，乙可滑步擠樁。

7.蓋步別（圖74①②③④）

動作過程：甲右架，乙左架。甲左手握乙右腕，右手握乙小袖，右腳在乙腳內側。甲蓋左步，拉底手，左手換握乙頸部，同時轉體、甩臉，用左腿別乙左小腿外側，將乙摔倒。

反攻：甲蓋步換手夾頸時，乙抬頭、挺胸，將甲抱起或使插扞。

圖74③　　　　　圖74④

8.支別（圖75①②③）

動作過程：甲右架，乙左架。甲左手抓乙小袖，右手抓偏門，乙抓甲小袖和大領。甲上右步並用雙手捅乙，乙向前欺身，甲隨即背步、轉體塡腰，支臂，用右腿別乙右小腿外側，同時長腰、甩臉，將乙摔倒。

反攻：甲要支臂時，乙立即搶胯，撐臂使插扞。

圖75②　　　　　　　　　　圖75①

圖75③

9.抓袖、領別（圖76①②③）

動作過程：甲右架，乙左架。甲左手抓乙小袖，右手抓大領，乙右手抓甲小袖，左手抓小袖。甲雙手向右後方拉，上左步並屈膝轉體、塡腰，右腿前擺並用右小腿從前面向後

上方別乙右小腿，並向左長腰甩臉，將乙摔倒。

　　反攻：甲轉體時，乙向左前衝撞甲，並用左腿摟甲左腿
或使插扞。

圖76①　　　　　　圖76②

圖76③

　　10.抓袖領搓別（圖77①②③）

　　動作過程：甲左架，乙右架。甲抓乙小袖、大領，乙抓
甲小袖、大領。甲雙手將乙向左擠斜，同時用左腳搓乙右腳

，乙抽右腿，此時甲轉體填腰，拉底手，上手變夾頸，用左腿別乙左小腿，並向右長腰甩臉，將乙摔倒。

反攻：甲搓乙時，乙跪腿變跪踢或抽腿變手別和背步別。

圖77①　　　　　　圖77②

圖77③

11.切別（圖78①②③）

動作過程：甲右架，乙右架。甲左手抓乙小袖，右手抓大領，乙扶甲臂。甲雙手向右後橫乙，同時上左步，右腿別乙右小腿後部，右手改用右腋向下切乙頸部，轉體甩臉，將

乙摔倒。

　　反攻：甲切別時，乙下蹲抬頭、立腰、挺髖，左手抱甲腰。

圖78①　　　　　圖78②

圖78③

　　12.扦別（圖79①②③）

　　動作過程：甲左架，乙左架。甲左手抓乙小袖，右手抓偏門，乙抓甲小袖插捧。甲雙手扯乙，乙迎面欺追，甲借用

拉扯之機，突然用右腿橫別攔乙右腿，但不能向上撩腿，同時拉手轉體、長腰、甩臉。將乙摔倒。

反攻：甲扦別時，乙猛上底步入甲襠中，拉底手換「搌」。

圖79①

圖79②

圖79③

13.手別（圖80①②③）

動作過程：甲左架，乙左架。甲右手抓乙左袖，左手握

乙右臂，乙右手抓甲左袖，甲右手向右後方拉，右腳向右前
方上步，落在乙左腳前、屈膝。然後左腳上步於乙兩腿間，
成右弓步，左胯貼緊乙腹部，左肩頂乙左肩，左手換成按壓
乙左膝的外側，虎口朝下，並上撩，同時向右轉體、長腰、
甩臉，將乙摔倒。

圖80①

圖80②　　　　圖80③
反攻：乙可向左滑步，左手向左後方拉，右手向上摳甲

左大腿，向左轉體。

14.抽腿手別（圖81①②③④）

圖81①　　　　　　　　　　圖81②

圖81③　　　　　　　　　　圖81④

動作過程：甲右架，乙左架，甲右手抓乙左小袖，左手扶乙右臂，乙右手抓甲左小袖，左手抓大領。乙上左步搓甲右腿，甲立即抽右腿，拉右手，身體順勢變橫，左手隨抽腿

自然變為撐乙左膝外側，虎口朝下，向右轉體長腰、甩臉，將乙摔倒。

反攻：在甲未長腰時，乙上步搶胯。

15.抓袖、帶挽（圖82①②③）

圖82①   圖82②

圖82③

　　動作過程：甲左架，乙右架。甲右手抓乙左袖，左手抓乙後腰帶。甲上左步插入乙兩腿之間，然後拉右手，向右轉體、長腰、甩臉，將乙摔倒。

　　反攻：甲向乙襠插腿時，乙裡刀插入之腿或大轉腳。

圖83①

圖83②　　　　　　　　圖83③

16.抓手、領挽（圖83①②③）

動作過程：甲右架，乙左架。甲左手抓乙右腕，右手抓大領，乙左手抓甲大領。甲左手摘乙左手於胸前，同時上右步於乙兩腿之間，向左轉體、長腰、甩臉，拉底手，右手向下捅按，將乙摔倒。

反攻：甲摘臂時，乙立即屈肘頂肩，上步使耙。

圖84①　　　　　　圖84②

圖84③

17.抓袖夾頸挑（圖84①②③）

動作過程：甲右架，乙左架。甲左手抓乙右袖，右手抓乙大領，乙右手抓甲左小袖，左手抓大領。甲雙手向右橫，並向左前方上左步，屈膝，右手換成夾乙頸部，轉體填腰，用右大腿向後上方挑乙左大腿內側中部，蹬左腿，上體前傾

圖85①　　　　　　　圖85②

圖85③

，左手向左前下方拉，右手向左下方裏，向左長腰、甩臉，
將乙摔倒。

　　反攻：甲上步想用挑時，乙上左步，左邊用背。

　　18.抓後帶挑（圖85①②③）

　　動作過程：站架及動作過程與「抓袖夾頸挑」相同，只

圖86①

圖86②

圖86③

是甲右手抓握乙的後腰帶。

19.抓袖過肩摔（俗名揣。圖86①②③）

動作過程：甲右架，乙右架。甲左手抓乙右小袖，右手握乙左腕，乙右手抓甲左小袖。甲左手向右拉，右腳橫步於乙右腳前，左腳背步於乙左腳前，雙腿屈膝。甲右肩插入乙右腋下，臀部頂住乙大腿上部，左手向左下拉，蹬腿、上體前傾，向左甩臉，將乙摔倒。

反攻：甲上步轉體時，乙右跨步，左手從後邊摳提甲右大腿，右手向右下方拉並向右轉體或在甲轉體時，乙使大轉腳。

20.抱單臂揣（圖87①②③）

動作過程：甲右架，乙右架。甲左手抓乙右小袖，右手握抱乙右上臂，背左步，插肩、轉體、塡腰，蹬雙腿，上體前傾，雙手抱臂下拉，將乙摔倒。

反攻：與「抓袖過肩摔」的反攻方法相同。

圖87①

圖87②　　　　　　圖87③

21.抓後帶、袖背（俗名人、搯。圖88①②③④）

　　動作過程：甲右架，乙左架。甲左手抓乙右小袖，右手抓乙後腰帶。甲雙手向右後上方提拉，上右步於乙右腳前內側，左腳背步於乙左腳前側，轉體塡腰，雙腿屈膝，臀部靠近乙大腿中部，猛蹬兩腿，上體前傾，左手向左下方拉，右手向上提，向左轉體、甩臉，將乙摔倒。

圖88①　　　　　　圖88②

圖88③　　　　　　圖88④

　　反攻：甲上步轉體時，乙抱甲腰或乙搶胯左背或使大轉腳崩。

　　22.抓偏門、袖披（圖89①②③）

　　動作過程：甲右架，乙右架。甲左手抓乙右袖，右手抓乙偏門。甲左腳向左前方上步，右腳稍向左前方移，右腳跟提起並向外轉。兩手向右後方拉，使乙身體前傾。同時，甲

圖89①　　　　　　圖89②

圖89③

向左轉體，蹬右腿成左弓步，兩手向右肩上提拉，並插右肩
於乙右腋下，右肘外展，使對方撲在自己右肩和背上（像披
衣服一樣）。兩手繼續向前下方拉，上體前傾，向左長腰、
甩臉，將乙摔倒。

　　反攻：甲向前拉時，乙先屈膝並向右前方滑步，右手向
右後下方拉甲，同時左手從後邊提摳甲右大腿，向右轉體，
或者右邊用踢。

　　23.抓袖擋（俗名撈切子。圖90①②③）

　　動作過程：甲右架，乙右架。甲左手抓乙右袖，右手抓
乙大領或封住乙左手。甲左手向右橫，左腳上步落在乙右腿
外側，屈膝。左手轉向左後拉，右腿向左前擺，繞至乙右腿
後，再向後蹬，從後面擋住乙右腿。同時右手從乙左肩上穿
過，用右腋扣胸向下衝壓乙左肩頸（即切），身體右前傾，
將乙切倒。

　　反攻：甲上步切時，乙拉底手向左轉體變背或用別。

圖90①　　　　　　　圖90②

圖90③

24.抓袖、領外勾腳（俗名搓。圖91①②③）

　　動作過程：甲右架，乙左架。甲左手抓乙右小袖，右手抓大領，甲左手向右前下方推，右手向下按，迫使乙向左轉體。甲右腳上步，落在乙左腳後，並從後邊勾住乙左腳跟；左腳隨著滑步。兩手繼續向右前下方推，右腿伸直，右腳向

左上方勾起乙左腳跟，身體向右前傾，將乙摔倒。

　　反攻：乙抽腿變「手別」

圖91①　　　　　圖91②

圖91③

25.拿臂外勾腳（圖92①②③）

　　動作過程：甲左架，乙右架。甲左手抓握乙左腕，右手

抓握乙左上臂，雙手向左前下方用力，同時左腳向右斜上方勾乙右腳跟，將乙摔倒。

反攻：甲搓時，乙可使用跪腿。

圖92①

圖92②

圖92③

26.抓袖、領纏腿（俗名窩勾、麻花瓣。圖93①②③④）

動作過程：甲右架，乙左架。甲左手抓乙右袖。右手抓

乙大領。甲雙手向右橫乙，同時向前上左步，右腿纏住乙左
腿，右手換握乙右腋跤衣，跳左步落地時左腳尖裡扣並屈膝
，上體下壓，借乙抬上體之機，蹬左腿，抬右腿，翻身向右

圖93①　　　　　　　　圖93②

圖93③　　　　　　　　圖93④

後轉體，將乙摔倒。

　反攻：當甲進腿時，乙可用盤腿反攻，甲纏住後，乙可用背步「搧」或者抱甲腰，用被纏之腿踢甲的支撐腿。

圖94①　　　　　　圖94②

圖94③

27.偏門耙（圖94①②③）

動作過程：甲右架，乙右架。甲左手抓握乙右腕，右手抓握乙偏門。甲在拉扯乙時，突然用雙手向右前下方推搡乙，同時用右腳耙乙的右腳跟，收胯，將乙耙倒。

圖95①

圖95②

圖95③

28.躺耙（圖95①②③）

動作過程：甲右架，乙左架。甲左手抓握乙右小袖，右手抓握大領。甲從右邊進胯使絆，乙抱腰向後摔時，甲借向後仰身之機，用右腿耙乙右腿，並隨乙向後仰躺身，使乙仰身跌倒。

圖96①

圖96②　　　　圖96③

　　反攻：甲使躺耙時，乙緊拉底手使裝頂。

　　29.耙拿（圖96①②③）

　　動作過程：甲右架，乙右架。甲使抓偏門耙乙時，乙將被耙之右腳抬起，甲立即用左手拿乙右腳跟，同時，右手向

圖97①

圖97②

圖97③

左下方用力，使乙摔倒。

反攻：甲使耙時，乙跪腿，同時按壓甲右手，用右腳踢甲使耙之腳。

30.抓袖領裡刀（俗名大拿裡刀勾。圖97①②③）

動作過程：甲右架，乙右架。甲左手抓乙右小袖，右手抓握乙大領。甲上左步，右腿插入乙兩腿之間後，用右腿裡刀勾住乙右小腿，向右後上方用力，同時雙手向左前下方捅乙，將乙摔倒。

反攻：甲上步裡刀時，乙力推甲底手，上體前傾裡刀甲。

31.抓袖、領摔（俗名肘。圖98①②③）

動作過程：甲右架，乙左架。甲左手抓乙右小袖，右手抓乙大領。甲上右步於乙左腳外側，雙手向右橫乙，乙必然向左用力反抗，甲借乙反抗之力，背左步，同時左手向左下方拉，右手向左下方按乙頸部，上體左轉前傾，將乙摔倒。

反攻：甲背步肘時，乙立即緊底手，上右步，抬頭，左

圖98①

圖98②

圖98③

邊用絆。

32.抓袖、領彈摔（圖99①②③）

動作過程：甲右架，乙左架。甲左手抓乙右袖，右手抓乙大領。甲雙手向右橫乙，乙向左爭抗，這時，甲背左步，用右腳外側彈乙左腳內側，同時，雙手借乙向左爭抗之勢向

圖99①

圖99②

圖99③

左下方擰，將對方摔倒。

　　反攻：甲背步彈時，乙立即緊底手，跪腿、抗肩使切和踢。

　　33.裡手花（圖100①②③）

　　動作過程：甲右架，乙右架。甲左手握乙右腕，右手握

圖100①

圖100② 　　　　　　 圖100③

乙大領。甲上左步於乙右腳前，右手向右下方拉，同時背右
步下蹲，左手背向上撩乙右小腿內側，上下配合用力將乙摔
倒。

　　反攻：甲使裡手花上步時，乙被撩之腿向甲襠中衝擠。

圖101①

圖101②　　　　　　　圖101③

34.抓偏門、帶裡勾腿（俗名大得合。圖101①②③）

動作過程：甲右架，乙左架。甲左手握乙中心帶，右手抓乙偏門。甲雙手向右橫乙，上左步，左腳落在乙右腳前內側，微屈膝，用右前臂撐住乙胸，同時，右腿插入乙兩腿之間，然後屈膝向右後方勾乙左小腿，身體前傾並稍右轉，將

圖102①　　　　　　　圖102②

圖102③

乙摔倒。

　　反攻：甲伸腿向後勾腿時，乙使「盤腿」，並向左轉體，兩手向左下方拉。

　　35.抓袖跪腿（俗名小得合。圖102①②③）

　　動作過程：甲右架，乙左架，甲左手抓乙右小袖，右手握乙左腕。甲上左步，落在乙右腳前，下蹲；右腿插入乙襠中，向右後划弧下跪，大小腿夾住乙左小腿。右手下滑握住乙左小腿，左手抓袖向右下方推，上體前傾，並向右轉體，以胸衝壓乙左大腿，將乙摔倒。

　　反攻：甲插腿時，乙使左「盤腿」，右手向左下方推甲左肩和左臂。

　　36.裝頂（圖103①②③）

　　動作過程：甲右架，乙左架。甲左手抓握乙右小袖，右手握乙中心帶。甲雙手上提，使乙重心升高，同時背左步，用右大腿向上頂乙左大腿後上部，使乙雙腿離地摔倒。

　　反攻：甲背步時，乙立即拉底手，上右步用左腿掛。

圖103①　　　　　圖103②

圖103③

37.插閃（圖104①②③）

動作過程：甲左架，乙右架。甲右手抓握乙左小袖，左手插捧乙右肩。甲上右步，左手向右捧，右手向右拉時，乙自然向左回勁，甲突然背左步，左手向左後下方閃，右手向左送，上體向左轉體，將乙閃倒。

反攻：甲插捧時，乙立即用右腋夾甲左手，上步變切。

圖104①

圖104②　　　　　　　　　圖104③

38.插扦（圖105①②③）

　　動作過程：凡對方使用轉體塡腰的動作時，都可用插扦反攻。如乙使「別」時，在乙發力的一刹那，甲下蹲，同時用左腿插入乙兩腿間絆乙左腿。

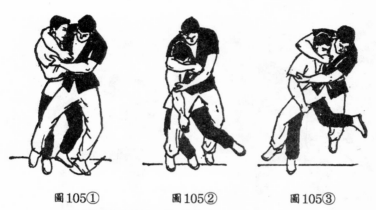

圖105①　　　　　圖105②　　　　　圖105③

39.抓袖穿腿（圖106①②③）

動作過程：甲右架，乙右架。甲左手抓握乙右小袖，右手握乙左腕。甲左手抓袖向左後下拉，右腳上步於乙兩腿間，下蹲，身體前傾，頭從乙右腋下穿過。用右肩頂住乙腹部。同時，右手插入乙襠中，抱住乙右大腿，挺胸、塌腰，站起，把乙橫扛在肩上，左手繼續向下拉，上體向左側傾，放

圖106①

圖106②　　　　　　　　圖106③

開右手，將乙摔倒。

　　反攻：甲穿腿時，乙立即撤步，向右下方按壓甲方或右
腿用「裡刀」。

　　40.躺刀（圖107①②③）

圖107①

圖107② 圖107③

　　動作過程：甲右架，乙右架。甲左手抓乙右袖，右手封住乙左手。甲左手向左後拉，左腳上步於乙右腳前內側，右腿伸直插入乙兩腿之間，屈膝，用右小腿向左前方勾乙右小腿，同時向左轉體，左腿屈膝，右肩和右背部貼緊對方胸腹，借乙向後奪臂的力量順勢蹬左腿向乙身上躺，使乙後倒。

　　反攻：甲使「躺刀」時，乙左腳向右撤步，並向左轉體前傾，右臂向左下推。

圖108①

圖108②　　　　　　　圖108③

41.抱雙腿（圖108①②③）

　　動作過程：甲左架，乙左架。甲右腿上步於乙兩腿之間
，左腿跟上，迅速下蹲。兩手由外向裡抱住對方兩大腿上部
，頭右側緊貼乙身體右側，右肩緊靠乙腹，兩手向後勒抱，
然後迅速抬頭、挺胸、塌腰站起，將乙向後摔下。

圖109②

圖109①

　　如將乙抱起後，乙向後坐，就順勢向前摔（圖109①②
）。

　　反攻：甲抱腿時，乙可用「裡勾腿」或者右腳後撤步，
右邊用「入」。

　　42.抱單腿（俗名鑽扛。圖110①②③）

圖110①　　　　　　　圖110②

圖110③

　　動作過程：甲右架，乙右架。甲右腳向前滑步於乙兩腿

之間，左腳迅速跟上於乙右腳外側，下蹲。右臂插入乙襠中，右手從後邊上托乙右胯，左手從外邊抱住乙大腿，頭右側貼緊乙身體右側，右胸貼緊乙右胯，然後，抬頭，挺胸，迅速起立，雙手向上扛，將乙扛起捽倒。

　　如乙向後坐，上體順勢前傾並向左轉，用右肩向左下壓乙右胯，背左步，雙手向後拉，將乙捽倒（圖111①②）

　　　　圖111①　　　　　　　　　圖111②

　　反攻：對方抱腿時，可用被抱之腿變「挑」，「纏」或用右手向後下方按壓對方頭頸，左手上托對方右腿，並向右轉體（圖112①②）。

　　43.穿襠靠（圖113①②③）

　　動作過程：甲右架，乙左架。甲左手抓握乙右小袖，右手抓握乙大領。甲左手向左後拉，右腳滑步於乙左腿外側，同時右手從乙襠中插入，抱住乙右大腿根，右肩貼緊乙左腹，頭後部貼緊乙胸腹，然後背左步，向後仰頭、挺髖，向右後成半橋，將乙捽倒。

　　反攻：甲伸臂穿襠時，乙緊拉底手，斜襠使挽。

圖112①　　　　　　　　圖112②

圖113①　　　　　　　　圖113②

圖113③

44.甩鞭（圖114①②③）

　　動作過程：甲右架，乙右架。甲右手握乙左腕，右手封乙右手。隨後左手換握乙左腕，上左步，雙手向左下方拉，同時背右步，雙手繼續由左向右上用力，將乙摔倒。

圖114①　　　　　　　　圖114②

圖114③

反攻：甲使「甩鞭」時，乙隨之滑步斜擠，使「擠搓」。

45.掏腿（圖115①②③）

動作過程：甲右架，乙右架。甲右手抓握乙偏門，左手握乙右臂。甲右手回拉乙，乙向後掙，甲上右步，借乙向後掙之力，右手向左前下方搋，同時，左手向上推乙肘並迅速下滑掏乙右膝窩，上體向前欺身，將乙掏倒。

圖115①　　　　　　　　　圖115②

圖115③

　　反攻：甲推臂掏腿時，乙立即掙脫甲抓偏門之手，同時長腰、撩腿，使撩勾。

　　總之，中國式捧跋攻守技術繁多，變化不一，而且互相牽制，互相制約，並在一定的條件下相互轉化。同樣的技術，由於抓握的部位不一樣，進招的方式和手法也就不一樣。例如「別」，由於抓握的部位不一，就形成了「大拿著別」、「支別」、「扦別」「後蓋別」、「鎖別」、「捧別」、「夾頸別」、「反夾頸別」、「抱雙臂別」、「抱單臂別」等進攻手法。

　　所以，即要做到手、眼、身、腿的密切配合，又要掌握同一技術的手法變化，創造時機，把握時機。進攻時，要注意防守反攻；防守時，也應隨時準備進攻。常言道：「不怕千招會，就怕一招絕。」這就是說，在練習捧跋技術時，除了全面地掌握攻守技術外，還應根據自己的特點，著重掌握一兩個絕招，左右兩邊都能運用，不管對手如何躲閃，也能將他捧倒。

第四章　競賽的組織和裁判方法

第一節　競賽場地與器材

一、場　地

正規的競賽場地是由 98 塊海綿或棕墊組成。每塊墊子長 2 公尺、寬 1 公尺，厚 10 公分。整塊墊子上舖一塊14公尺見方的帆布蓋單，蓋單上分為比賽區和保護區，比賽區為 8 至 10 公尺見方的場地。場地四周用不同顏色標出 5 公分寬的界線，界線劃在比賽區內。界線外有 2 公尺寬的

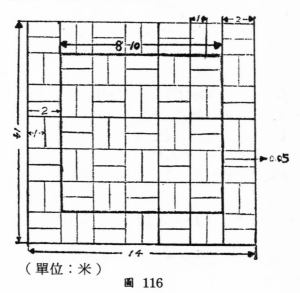

（單位：米）

圖 116

區域是保護區（圖116）。

　　大型比賽，一般安排兩塊比賽墊子和一塊做準備活動的墊子。兩塊墊子至少相距 2 公尺。

二、器　材

　　㈠摔跤衣：摔跤衣根據參賽人數多少，準備各種型號若干件。

　　㈡磅秤三台。運動員駐地一台，便於運動員隨時稱量。稱量體重室兩台，正式稱量體重用。三台磅秤必須一致、準確。

　　㈢公開計時鐘每個場地一台，要擺放在敎練員、運動員都能看清楚的地方。另，秒表一塊。

　　㈣示分牌：每個場地準備一套示分牌。包括：白牌、紅牌、藍牌各兩個，國紅色牌 1 分、2 分、3 分各兩個；天藍色牌 1 分、2 分、3 分各兩個。示分牌大小與乒乓球拍相仿。

　　㈤每一場地需鑼一面，口哨一只。

　　㈥每一場地需翻分牌（乒乓球翻分牌）兩台，一台貼上國紅色的標誌，一台貼上天藍色的標誌。

　　㈦救護車一輛。硬板擔架一副，備用。

　　㈧桌椅若干，表格齊備。

　　㈨每一場地需紅、藍三角小旗各三面。

第二節　裁判人員及其職責

　　每次比賽，設總裁判長 1 人，副總裁判長 1～2 人。每組（台）裁判長 1 人，裁判員 5～6 人，記錄員、計時

員、翻分員和檢錄員各 1 人。編排記錄組組長 1 人，組員 3～4 人。宣告員 1 人，醫務人員若干人。裁判員和工作人員的人數，可根據比賽性質和規模酌情增減。

●**總裁判長職責：**

一、領導全體裁判人員進行工作，召集有關會議，研究和佈置工作，如遇重大問題難以解決時，及時向大會組委會報告。

二、賽前組織裁判員學習規則、規程和組織現場實習；檢查場地器材。

三、掌握比賽進程。

四、當裁判員的判定不一致時，在聽取執行裁判員的陳述後，按規則精神予以裁決。

五、裁判員不稱職或運動員在比賽中發生嚴重問題時，可建議大會適當處理，必要時可停止裁判員的工作和取消運動員的比賽資格。

六、如遇特殊情況（大風、大雨等）影響比賽時，決定比賽是否繼續進行。

七、審核、簽署和宣布比賽成績。

●**副總裁判長職責：**

一、協助總裁判長工作，必要時負責一個台的工作。

二、總裁判長缺席時，可代總裁判長行使職權。

●**裁判長職責：**

一、領導一個組（台）的裁判工作。

二、每一單元比賽前，檢查本場比賽的場地器材。比賽結束後，收集記錄表並審核、簽署「摔跤記分表」。

三、安排每場比賽的裁判員。遇裁判員意見不一致時，裁判長應實事求是地發表自己的看法。

●**場上裁判員職責：**

一、每場比賽中，指導運動員在場上的行動，並發出比賽開始、暫停、終了的口令。

二、在比賽中判定運動員的得分、犯規、消極逃避和決定處罰。

三、依據記錄、宣布比賽勝負，簽署本場比賽的「摔跤記分表」。

四、檢查運動員的服裝（包括摔跤衣、腰帶等）。

五、與側面裁判員判罰不一致時，可召集側面裁判員商議，作出正確決定。

六、負責稱量體重工作。

●**側面裁判員職責：**

一、對比賽中每一場的得分情況，及時地用示分牌表示。

二、認真觀察比賽場上運動員的行動，如出現消極逃避和犯規情況，應及時地用紅、藍、白牌向場上裁判員示意。

三、場上裁判員召集商議時，應實事求是地陳述自己的意見。

●**記錄員職責：**

一、運動員稱量體量時負責記錄。

二、根據場上執行裁判員的意見，準確無誤地把每個運動員的得分、處罰情況記錄下來，並隨時與翻分員核對記錄情況。

三、每場比賽結束後，及時整理記錄，並把比賽結果向場上裁判員報告。

●**計時員職責：**

一、根據場上裁判員發出的開始、暫停的口令計時。

二、比賽每到一分鐘時，大聲向比賽場地宣報一次時間。

三、分別用哨聲和鑼聲報告每局、每場比賽的結束。

四、每局比賽開始前10秒鐘，發出準備開始的信號。

五、遇特殊情況（如運動員受傷），根據場上裁判員的指示，扣除暫停時間。

六、比賽中如時鐘發生故障，應及時地告訴場上執行裁判員和運動員所剩餘的時間，並啟動秒表，準確地記錄比賽時間。

●翻分員職責：

一、根據場上裁判員每次宣告的得分，進行翻分。

二、每局、每場比賽結束後，與記錄員核實成績。

●檢錄員職責：

一、比賽前十分鐘，召集出場運動員點名，指定雙方運動員摔跤衣的顏色，檢查運動員的指甲及摔跤衣的情況。

二、帶領參賽運動員入場，並告訴參賽運動員的比賽場地。

三、向裁判長和宣告員報告出場比賽或棄權的運動員姓名。

●編排記錄組職責：

編排記錄組在組長的領導下，負責比賽的編排記錄工作。編排記錄組的工作直接影響著整個比賽的進程，必須認真、負責、仔細。

一、收集、審查運動員的報名單，看是否符合規程規定的要求。統計各級別運動員人數。

二、負責賽前的編排、賽中的成績登記和賽後的整理工作。

三、準備好比賽用的各種表格，審查比賽成績，排列名次。

四、排出全部比賽日程和臨場比賽順序，在總裁判長的領導下，主持抽簽工作。

五、登記各級別被錄取的運動員名單，準備獎品。

六、參與稱量運動員體重工作，公佈比賽成績和匯編成績冊。

●宣告員職責：

一、向運動員、觀衆宣告有關事宜，播送通知。

二、宣告比賽開始，介紹裁判員、運動員。

三、結合比賽情況，穿插講解規則、得分標準；介紹優秀運動員情況和中國式摔跤的開展情況。

●醫務人員職責：

一、審核運動員「體格檢查表」。

二、參與稱量運動員體重工作，檢查運動員是否患有皮膚病。

三、及時處理比賽中發生的傷害事故，決定受傷運動員能否繼續參加比賽，並為不宜繼續參賽的運動員簽署意見。

第三節　競賽的一般規定

一、競賽性質和制度

大型的中國式摔跤賽，應根據競賽規程的規定，確定競賽的性質，如個人競賽、團體競賽或個人和團體競賽。並根據競賽的性質，錄取各個級別的個人名次，團體名次是根據被錄取運動員的名次來確定的。確定競賽的性質後，再根據規程規定確定競賽制度。競賽制度有循環制、淘汰制兩種。

我國目前採取的競賽制度大多是循環制。

二、年齡分組及體重級別

　　根據競賽規程的規定，按參賽運動員的年齡分為少年組、青年組和成年組。各年齡組的年齡分別是：

少年組	青年組	成年組
13週歲至15週歲	16週歲至17週歲	18歲以上
體重級別	體重級別	體重級別
1.35公斤	1.46公斤	1.48 公斤
2.38公斤	2.49公斤	2.52 公斤
3.41公斤	3.52公斤	3.57 公斤
4.45公斤	4.56公斤	4.62 公斤
5.49公斤	5.61公斤	5.68 公斤
6.53公斤	6.66公斤	6.74 公斤
7.58公斤	7.72公斤	7.82 公斤
8.63公斤	8.80公斤	8.90 公斤
9.68公斤	9.90公斤	9.100公斤
10.74公斤	10.90公斤以上	10.100公斤以上
11.80公斤		
12.80公斤以上		

三、比賽場數、局數和時間

運動員在一天之內比賽的場次一般不超過兩場，特殊情況下可比賽三場，場次之間至少有三十分鐘的休息時間。

每場比賽分兩局，每局淨摔三分鐘（少年組比賽每局二分鐘），局間休息一分鐘。在每局比賽時間內，場上裁判員叫「停」或宣告得分、判罰等所需時間均應扣除。

第四節　編　排

編排工作是整個賽程的一個重要組成部分，它直接影響比賽的進程，所以必須組織一個強有力的編排班子。

一、編排前需要做的工作

㈠、複核全部報名單，發現參賽運動員與競賽規程不符時，應及時與有關部門聯繫，核準後再填入運動員統計表中，印發各有關部門。

㈡、統計各級別人數，計算出各級別比賽場次、輪次，及全部比賽場次。

㈢、確定抽簽原則、方法和有關注意事項以及抽簽所需要的器具。備齊各種比賽表格。

㈣、抽簽和稱量體重同時進行。先稱量體重，合格者抽簽。抽簽工作是在競賽組、總裁判長的參與下進行。準確無誤後應及時張貼，以便教練員、運動員抄錄。

㈤、稱量體重注意事項

1.運動員在賽前兩小時稱量體重，在一小時內稱量完畢。

2.稱量體重組由裁判長、裁判員1—2名、編排記錄員1

人和醫生1人組成。

　　3.運動員稱量體重應赤身或穿短褲，如果運動員體重超過所報級別，應在規定稱量體重時間內達到所報級別。每個年齡組最後一個級別，在第一次稱量體重時，必須達到所規定的公斤數。

　　4.稱量體重時，先從小級別開始，每人稱量一次。如不符所報級別時，則要等全部稱量完後，在規定時間內重新稱量，如仍超過所報級別，則按棄權論。運動員每天在比賽前都要稱量體重。

二、編排競賽日程和競賽順序表

　　抽籤後，根據每個級別參賽人數，計算出各級別的比賽場數、輪次以及全部比賽場數，然後填寫場數、輪次統計表。

　　㈠、編排日程總表（循環制）

　　根據每個級別比賽的場數、輪次及全部比賽的總場數。計算出每個單元的平均場數。根據每單元的平均場數，編排日程總表。編排日程總表時應注意以下幾點：

　　1.先將人數多、輪次和場數多的級別填入日程總表內。然後將人數少、輪次和場數少的級別合理地穿插填入，以平衡每單元的場數。

　　2.盡量避免一個運動員在一天內比賽3場，如遇特殊情況，要掌握同一級別的人機會均等的原則，不能有的上午比賽兩場，有的晚上比賽兩場，而必須在同一單元進行。

　　3.日程總表排好後，應全面檢查各級別場數與總場數是否符合。

　　㈡、編寫競賽順序表

　　根據日程總表，編寫每單元比賽順序表。順序表應寫明

級別、姓名、單位、服裝顏色。如參賽運動員因超重棄權，則應及時在順序表中除名，並在開賽前通知有關人員。日程總表和比賽順序表排出後，要及時印發各隊、裁判組和有關人員。

　　㈢、循環賽的編排

　　我國舉辦的中國式摔跤競賽，多採用循環制。循環制的編排原則是：同一單位、同一級別有兩人參賽，必須在第一輪相碰：必須按輪次的先後順序進行；每一輪的轉動，必須按逆時針方向，如參賽人數是單數，則第一號位是「０」無論參賽人數是單數還是雙數，一號位始終不動。

　　例：

4人參賽的編排方法是：

第一輪	第二輪	第三輪
1—4	1—3	1—2
2—3	4—2	3—4

5人參賽的編排方法是：

第一輪	第二輪	第三輪	第四輪	第五輪
0—5	0—4	0—3	0—2	0—1
1—4	5—3	4—2	3—1	2—5
2—3	1—2	5—1	4—5	3—4

凡與0號相遇，算輪空一場。

循環制場數計算公式：$場數 = \dfrac{人數（人數-1）}{2}$

例如：5 人參賽，那麼場數便是：$\dfrac{5（5-1）}{2} = 10$ 場

輪次：奇數輪次＝人數，偶數輪次＝人數－1。

例如：5人輪次是 5 輪，4 人輪次是 3 輪。

三、名次確定（循環制）

比賽全部結束後，編排記錄組應根據規程中錄取名次的辦法，確定各級別的個人名次和團體名次。

個人的名次確定，按下列條逐條進行：

㈠、按積分（即得分總和）的多少來確定個人名次，積分多者名次列前。

㈡、如兩人積分相等，則按兩人在比賽中的勝負確定名次，勝者名次列前。

㈢、如兩人以上的積分相等，則以他們之間比賽時的勝負確定名次。

㈣、如兩人以上積分相等又循環互勝，則按下列程序確定名次：

1.獲優勢勝利多者名次列前。

2.賽中受處罰少者名次列前。

3.預賽或決賽中淨勝分多者名次列前。

4.預賽或決賽當天，體重輕者名次列前。

㈤、參加預賽或決賽的場數不到一半者，全部成績作廢，不計名次，曾與他比賽的對方成績均予注銷。

㈥、參加預賽或決賽的場數已達到或超過一半時，應按其積分多少確定名次；其餘未進行比賽的場次，均按棄權處理，判對方獲勝。

團體名次的確定如下：

㈠、按各單位參賽運動員在各級別比賽中被錄取名次的總和確定名次，得分多者，名次列前。

㈡、如兩個或兩個以上單位團體積分相等，則判獲得第一名多的單位名次列前；如第一名相等，則判獲得第二名多

的單位名次列前；如再相等，類推。

四、成績公告

在每天比賽結束後，應把每個級別的比賽成績及時公佈，全部比賽結束後，立即編訂成績冊。

成績冊應包括以下內容：

各級別成績表。

團體名次表。

各級別比賽編排表。

體育道德風尚獎名單。

第五節　裁判方法

裁判工作的好壞直接影響著比賽能否順利進行，裁判員是辦好比賽的關鍵。

一、裁判員必須具備的條件

裁判員應具備的條件很多，但最重要的有四條。

㈠思想素質：

裁判員必須具備良好的思想素質，作風正派、態度端正、工作踏實。在裁判工作中，做到「嚴肅、認真、公正、準確」。

㈡精通規則：

裁判員必須精通規則，才能執法「準確」。

㈢掌握摔跤技術：

摔跤裁判員，必須懂得摔跤技術，才能在比賽中，知道何時何地應處在何種位置來看清使用動作的情況，作出正確

的判斷。

㈣虛心學習：

裁判員還應具備虛心好學的精神，向有經驗的裁判員學習，向教練員學習，虛心聽取意見，提高裁判水平。

二、得分標準

裁判員必須牢記得分標準。中國式摔跤根據使用動作的質量和倒地的情況，得分標準有4種，即1分、2分、3分和互不得分。

3 分：

將對方摔成兩腳同時離地，有一騰空的過程，並使其軀幹或頭著地，而自己仍保持站立姿勢。如被摔倒的運動員倒地後不鬆手，把對方拉倒，仍可判勝者得3分。

2 分：

㈠、將對方摔倒使之軀幹著地，但無騰空過程，自己保持站立。

㈡、將對方摔成兩腳同時離地，有一騰空過程，使之軀幹或頭著地，自己雖然站立，但用手撐在對方身體上。

㈢、使用跪腿摔將對方摔倒，並使其軀幹著地，自己上體仍保持平衡，即對方倒地後，自己手不扶地，上體未趴在對方身上。

1 分：

㈠、將對方摔成手、肘、膝著地。

㈡、將對方摔倒，自己也隨著倒地。

㈢、雙方同時倒地，軀幹在上者。

㈣、一方受到警告，判對方得 1 分。

㈤、使用跪腿摔，使其倒地，自己失去平衡。

互不得分：

雙方倒地後，分不出先後和上下，則判互不得分。

三、進攻有效和無效

㈠、在比賽區內使用動作將對方摔倒在保護區，判進攻有效。

㈡、在比賽區內將對方摔倒在地後，自己踏入或跌入保護區，則進攻有效；對方倒地與進攻者踏入保護區同時發生，仍判進攻有效；在對方倒地之前，進攻者踏入保護區，則判進攻無效。

㈢、在使用動作的過程中，進攻者在比賽區，對方在保護區被摔倒，仍判進攻有效。

㈣、踩腳、抓褲子使用動作將對方摔到，判進攻無效。

㈤、裁判員發出「停」的口令後，再進攻無效。

㈥、將對方摔倒和哨聲、鑼聲同時發生，則判進攻有效；如在倒地之前，鳴哨或鳴鑼，則判進攻無效。

四、犯規及處罰

當運動員使用規則上不允許的犯規動作時，裁判員應根據犯規的程度，給予處罰。犯規在規則規定中，分侵人犯規和技術犯規兩種。

侵人犯規：

㈠、使用反關節動作有意傷害對方者。

㈡、以手、肘、膝、頭撞擊對方或抓對方的生殖器者。

㈢、用腳尖踢對方或用腳蹬踹對方者。

㈣、用腳踢、彈對方小腿中部以上者。

㈤、按壓對方眉口之間的面部、咽喉或抓對方頭髮者。

㈥、兩手抱握對方頭、頸者。

㈦、將對方摔倒後，故意壓砸對方者。

㈧、將對方扛起後，對方已失去控制能力時，使其頭朝下垂直摔下去，有意傷害對方者。

技術犯規：

㈠、場上裁判員發出「開始」的口令前或發出「停」的口令後，進攻對方者。

㈡、比賽進行中，教練員或助手干擾比賽或到場地內指導運動員。

㈢、比賽進行中，自行停止比賽者。

㈣、比賽進行中，由於處於不利情況而要求暫停者。

㈤、抓對方褲子者。

犯規處罰：

運動員在比賽中，無論是技術犯規，還是侵人犯規，都應根據其情節輕重，分別給予勸告、警告、取消該場比賽或全部比賽資格的處罰。

㈠、比賽進行中，運動員或教練員指責裁判員，則根據情節輕重給予該運動員勸告、警告、取消該場或全部比賽資格的處罰。

㈡、運動員在比賽中，一方犯規，如果對犯規運動員有利時，應立即停止比賽，酌情處理；如果對犯規運動員不利，則不停止比賽，等動作結束後，再中止比賽，如果犯規運動員把對方摔倒則不得分，如果犯規運動員被對方摔倒，應判對方得分，並根據犯規情節，酌情處理。

五、消極與處罰

規則中規定，比賽中，運動員不積極主動進攻，有意拖

延比賽時間為消極。消極的具體表現是：

㈠、比賽中不讓對方抓握，而自己又不抓握對方；故意往後退或向前推對方，無進攻意圖者。

㈡、比賽中，自己不主動抓握，被對方抓住後又多次解脫，解脫後，又不積極抓握進攻者。

㈢、比賽中抓住對方，但不使用動作，故意拖延時間者。

㈣、主動退入保護區，或假借對方的動作退入保護區；故意把對方推入保護區者。

㈤、用頭頂住對方，有意拖延比賽時間者。

㈥、僅使用假進攻動作，無真正進攻意圖者。

消極處罰：

運動員在比賽中，出現上述六種消極現象，應根據情節輕重，給予處罰。具體處罰辦法如下：

㈠、兩單位的運動員在比賽中，為了擠掉其他運動員或其他隊的名次，有意地進行非真實的比賽，應取消一方或雙方運動員該場或全部比賽資格。

㈡、比賽進行中，運動員採取消極態度逃避比賽，場上裁判員可停止比賽，對消極運動員進行教育、勸告、警告。

㈢、運動員在比賽中，不積極進攻，拖延比賽時間達30秒鐘即警告一次，第二次、第三次警告前，不再給予勸告。如故意退出場、把對方推出場，或在場內跑者，立即給予勸告或警告。

㈣、一方受到三次警告（無論是消極警告，還是犯規警告）後，就取消該場比賽資格，判對方獲勝。

㈤、點名後，運動員在五分鐘內不能上場比賽者，則按全部棄權論，成績無效。

六、運動受傷及處理

㈠、在比賽中，運動員因傷不能參賽，經大會醫生證明，則判該運動員該場棄權，對方獲勝。該運動員如再參賽，仍需大會醫生證明，否則不準參賽。

㈡、因一方犯規致使對方受傷而不能繼續比賽時，則判受傷者該場勝。

㈢、一方受傷（不是因對方犯規引起的）不能繼續比賽時，裁判員可宣布比賽中止，但中止時間累計不得超過三分鐘，如受傷者到三分鐘時仍不能繼續比賽，則判受傷運動員棄權。

第六節　裁判員執行工作

每一場比賽由一名裁判長、一名場上裁判員、兩名側面裁判員參與裁判工作。由裁判長領導場上裁判員在場上執行裁判工作，側面裁判協助場上裁判員進行工作。在執行裁判過程中，裁判員的密切配合非常重要，每一判罰都應統一於規則。

一、裁判員上場前的準備工作

㈠**裁判員的服裝：**

中國式摔跤規則尚未對裁判員的服裝作出統一的規定，但也不能五花八門，總裁判長應向舉辦單位提出裁判員統一著裝的要求。

㈡**檢查場地器材：**

每一單元比賽前，裁判員應對比賽場地、比賽用具進行

一次全面檢查，看看場地是否有裂縫，示分牌是否齊備，所需表格是否填寫完畢等。待一切準備就緒後再入場。

（三）**裁判長分工：**

比賽開始前，裁判長對每場比賽的裁判員進行一次分工，要根據裁判員的水平合理搭配，同時還應注意，與參賽運動員同單位的裁判員不宜擔任該場裁判工作。

二、入場禮節

（一）**裁判員入場禮節：**

每一單元擔任第一場比賽的三名裁判員整隊入場，場上裁判居中，兩名側面裁判員站在場上裁判員的兩側。站定後，面向觀衆敬禮，禮畢，場上裁判員兩手側平舉，兩名側裁走到固定位置坐好。

（二）**運動員入場禮節：**

運動員入場坐在自己的位置上，宣告員介紹運動員時，運動員站起，面向觀衆行舉手禮。禮畢立即進入賽場，雙方運動員握手，再與場上裁判員握手，場上裁判員檢查運動員的服裝和跤鞋是否符合規則的規定，準備比賽。

三、指導比賽

（一）**裁判員的位置：**

裁判員入場後，側面兩名裁判分別坐在賽場的兩個對角。場上裁判員位於賽場中央。比賽開始後，場上裁判員的位置根據雙方運動員的情況隨時變化。場上裁判員的位置變化須注意以下幾點：

1.應便於看清運動員使用動作和倒地的情況。

2.不能擋住兩名側裁以及裁判長的視線。

　　3.場上裁判員應向動作發展的方向跑動，並要走在動作的前面，以便看清倒地一刹那時的情況。

　　4.判分和處罰時，場上裁判員必須回到場地中央。

　　㈡**裁判員的手勢：**

　　場上裁判員的手勢：

　　1.**比賽開始**：比賽開始前，兩臂向兩側斜下舉，手心向前（圖117），將場上雙方運動員分開，並呼「預備」，然後，兩手在體前交叉擺動的同時，發出「開始」的口令。

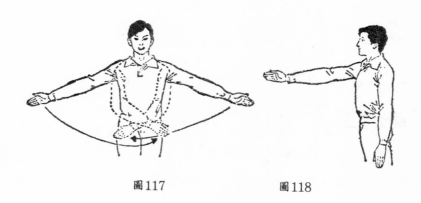

圖117　　　　　　　　　　圖118

　　2.**暫停**：一臂向前伸直，指向運動員（拇指在上，五指併攏），同時發出「停」的口令（圖118）。

　　3.**得分**：一臂平舉指向得分的運動員（拇指在上），而後屈肘，前臂上舉，並以手指示分。得 1 分伸出食指，其餘四指彎曲（圖119）；得 2 分伸出食指和中指，其餘三指彎曲（圖120）；得 3 分伸出拇指、食指和中指，其餘兩指彎曲（圖121）。

4.平跤：兩臂在體前交叉擺動，手心向後（圖122）。

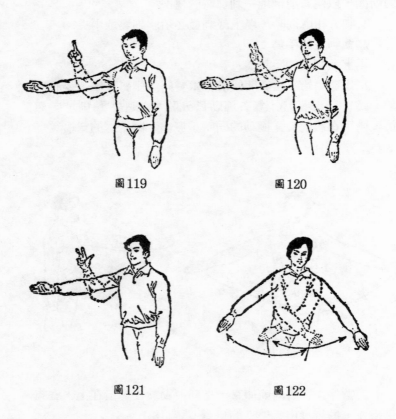

圖119　　　　　　　　　圖120

圖121　　　　　　　　　圖122

5.徵求判罰消極意見：一臂側平舉，五指併攏，反覆屈肘擺動，手心向上表示穿紅色服裝者消極；手心向下表示穿藍色服裝者消極（圖123）。

6.勸告：一臂屈肘側上舉，五指併攏，靠近受勸告的運動員（圖124）。

7.警告：一臂屈肘側上舉，握拳，靠近受警告的運動員（圖125）。

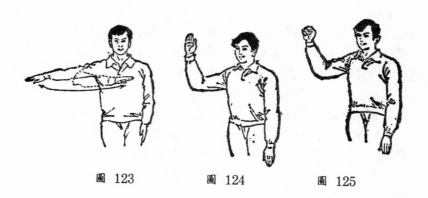

圖 123　　　　　圖 124　　　　　圖 125

8.判定勝負：面向裁判長，場上裁判員在中間，運動員分別在兩側。場上裁判員將獲勝的運動員一手向上舉起。

側面裁判員手勢：

1.得分：在比賽中，根據運動員得分情況，用示分牌公開打分。

2.平跤：兩手在腹前交叉。

3.消極：舉起與該運動員的服裝相同顏色的牌子。

4.發現必須暫停的情況時，應舉起白牌向場上裁判員示意，如場上裁判員沒看見則起立。

5.舉牌時，一臂前平舉，使牌直立。

㈢場上裁判員、側面裁判員在執行裁判工作中的配合：

1.場上裁判員在發出「預備」口令之前，應用餘光照顧一下裁判長和側裁，看是否已經準備好，裁判長和側裁則應及時地用眼神告訴場上裁判員一切就緒。

2.比賽中每摔一跤，場上裁判員應立即喊「停」，然後看看兩位側面裁判員的示分情況，側面裁判員應立即果斷地示分，如果意見一致，場上裁判員伸出與分數相應的手指，大聲喊「紅（藍）得幾分」。

3.如果兩名側裁示分不一致時，場上裁判員如贊同一名側裁的意見，也應立即示分；如果場上裁判員不同意兩名側裁的意見時，可將他們召集到裁判長桌前，各自申述意見，裁判長結合自己的看法作出決定，然後場上裁判員回到場地中央根據決定作出判決。

4.在比賽中，側面裁判員如發現某運動員有消極現象或犯規行為時，應及時地舉起與該運動員服裝顏色相同的牌子，向場上裁判員示意，如場上裁判員同意側裁意見，應立即中止比賽，進行判定。

5.在比賽中，場上裁判員認為某運動員有消極或犯規行為時，應伸出徵求意見的手勢，並用餘光看看側面裁判員是否同意，只要一名側裁同意，場上裁判員就應立即中止比賽，進行判定。

6.比賽第一局終了，應示意運動員回座位休息，休息時允許本單位教練員和助手對該運動員進行指導，但數不能超過兩人。

7.場上裁判員示分後，應看看翻分員是否把分加了，如沒有加分，應指示翻分員加分。

8.無論是場上裁判員，還是側面裁判員，在進行判罰時，一定要果斷、及時、獨立判罰，決不能猶豫不決或隨著別人打分，這是裁判工作中的大忌。

㈣**比賽勝負的評定：**

1.每場比賽結束後，根據雙方運動員得分多少來評定勝

負，得分多者為勝，少者為負。

2.一場比賽中雙方運動員的比分相差 10 分（如 10：0 或 13：3）時，記錄員應通知場上裁判員終止比賽，判得分多者為優勢勝利。

3.比賽結束後，如雙方得分相等，則判得 3 分多者勝，3 分相同，則判得 2 分多者勝；2 分相同，則判得技術分多者勝；得技術分相同，則判先得技術分者勝；如果雙方均未得分，則判先受勸告或警告處分者負。

4.採用循環制比賽時，每場結束後勝者計名次分 2 分，負者記名次分 0 分；因對方棄權獲勝時，計名次分 2 分，棄權者名次分為 0 分，技術分為 0：0；如果在比賽進行中一方棄權，已有技術分，則按場上的技術分記錄。

四、執行裁判工作中應注意的問題

㈠得分概念與區別：

首先，「站」和「倒」的概念要清楚。規則上的「站立」，是指身體能保持平衡，無論身體前傾、後仰或者單腳和雙腳前跳、後退，只要不倒下都算站立；「倒下」是指軀幹部位，包括肩、臂、胸、腹、胯或者頭著地，均屬倒下。

⑴. 3 分與 2 分的區別：

3 分和 2 分的相同之處，就是把對方摔成兩腳同時離地（有一騰空過程）後軀幹或頭著地。如果進攻者仍能保持站立姿勢，只要手不撐地，就可給 3 分；但是進攻者要用手撐在對方身上才能保持平衡時，便只能給 2 分。這是「一站」，和「一撐」的區別。其中還有被拉下和主動撐的區別，如果在使用 3 分動作時，被摔倒的運動員不鬆手，將進攻者拉倒，仍何判進攻者得 3 分；如果為了保持身體

平衡而主動用手撐在對方身上，只能給 2 分。

　　另外，都是把對方摔成軀幹著地，能使對方騰空就可給 3 分，沒有騰空過程只能給 2 分。

　　(2). 2 分與 1 分的區別：

　　2 分和 1 分的區別在於將對手摔倒後，是被對手拉倒還是自己隨著倒地。被拉倒應判進攻者得 2 分；若是自己失去平衡，隨著倒地，進攻者只能得 1 分。

　　㈡推與退的區別：

　　規則中規定，故意後退和向前推對方，無進攻意圖，均屬消極。是被推出去還是自己退出去的，可從用力的方向來判定，如果一方抓住有利的把位，左橫右拉，對方不是積極解脫或借機進攻，而是重心向後，拉著對方退出保護區，向後拉人者應屬消極；如果一方抓住有利把位，不是積極進攻，而是向前用力迫使對方退出界外，那麼，向前用力推者為消極。

　　㈢摔出界與借力退出界的區別：

　　規則規定，借對方的動作退入保護區者為消極。這裡就存在著是被摔入保護區，還是借對方使用動作主動退入保護區的區別。如在接近保護區時，進攻者突然用動作，對方防守中一腳或兩腳踏入保護區，就不能說是借對方使用動作退入保護區，也就是說不能算消極；如果是借對方使用動作的機會，主動地退入保護區，就應算消極。裁判員必須掌握動作性質、用力的方向，才能比較準確地作出判斷。

　　㈣頭頂與壓頭的區別：

　　規則中規定用頭頂住對方，有意拖延比賽時間者，應判為消極。中國式摔跤講究手法，俗稱頭是「第三把手」，在比賽中，頭既是使用技術的「一把手」，又可用作防守的「

一把手」。如先用頭頂住對方胸部,接著使轉體絆子,就不算消極的表現。如果是用頭頂住對方,不讓對方進攻,則應算消極;還有一種情況,就是進攻者有意將對方的頭控制在自己的胸腹前,使對方既不能進,又不能出,而進攻者又不使動作。這樣,被控制者的頭雖然頂住進攻者的胸腹,但不算消極。相反,進攻者控制有利的把位而長時間不使動作,應判為消極。

⑸假與真的區別:

規則規定,僅使用假進攻動作,無真正進攻意圖者,應判消極。但在比賽中,判定真假要看裁判員的水平。一般說來,假進攻的動作不符合該動作的結構、特點及用力的方向。如進攻者使用「入」時,轉體進胯非常合理,但在發力時,卻自己鬆手往前走,不把對手摔倒,就很可能是假進攻。再一種情況,進攻者使用動作很合理,時機也很好,對方也沒有任何反應,可是進攻者就是不摔,這種現象也應算假進攻。

⑹內外有別:

當裁判員意見不一致時,按規則規定以多數裁判意見為主進行宣判。事後經討論發現錯判、漏判時,裁判員不應將內部討論的情況向錯判的單位及個人透漏,如果需要改判,應由總裁判長與有關單位解決。

附表一　摔跤動員稱量體重記錄表

級別____第____組　　　　　____年____月____日____時

單　位	姓　名	體重（公斤）	備　註

第____台　　　記錄員____　裁判員 ____

附表二　摔跤記分表

第____組____賽____場　　____年____月____日____時

級別	單位	姓名	跤衣顏色	得分、勸告、警告						總計	結計 果勝 分者		備註
				一局			二局						
				1'	2'	3'	4'	5'	6'				

裁判長____　裁判員____　記錄員____

附表三　摔跤成績記錄表

級別＿＿＿＿賽　＿＿＿＿年＿＿月＿＿日地點＿＿＿＿＿

編號	姓名	單位	1	2	3	4	5	6	7	8	比賽成績			備註
											獲勝場次	積分	名次	
1														
2														
3														
4														
5														
6														
7														
8														

總裁判＿＿＿＿＿＿＿＿＿＿＿　記錄組長＿＿＿＿＿＿＿＿＿＿

第五章　跤壇名人軼事

一、我國最早的摔跤專著──≪角力記≫

角力即摔跤，在我國有著悠久的歷史，是一項優秀的民族體育項目。可是，由於種種歷史的和社會的原因，留傳下來的摔跤文獻很少，≪角力記≫是我國現在最早的一部角力專著，也是我國最早的一部體育史論著。因此≪角力記≫是一本不可多得的寶貴歷史摔跤文獻。

≪角力記≫誕生於公元九世紀後期，它記載了我國從春秋戰國到五代十國的摔跤歷史。

據≪宋史・藝文誌・卷五≫記載，≪角力記≫的作者是調露子，但調露子的真實姓名和年代還有待考證。≪角力記≫全書共分述旨、名目、考古、出處、雜說等幾個部分。它詳細地介紹了摔跤名稱的演變，有的稱「相搏」，有的叫「角抵」、「相攢」，「相扠」、「角力」、「手搏」、「拍張」等等。

≪角力記≫中還記載了古代摔跤的規則：只能是兩人徒手互相角力，即使在兩軍陣前，摔跤賭勝也不許其他將士協助。倘有一人手持兵刃，那就不能算作摔跤。至於比賽時間和採用的動作，在≪角力記≫中並沒有明確的規定，可以拳打腳踢、夾頭頸和扭關節等，但最終必須把對方摔倒或使之失去戰鬥力才算獲勝。

　　≪角力記≫的後一部分記載了摔跤比賽的實況，其中最熱鬧的是正月十五上元節。在「角抵戲」表演時，經常出現「萬人空巷」的盛況。

　　≪角力記≫的作者對角力的產生和發展作了較為系統的研究和總結，這是前無古人的。

　　作者大膽地反對儒家觀點，對角力作了公正的評價，在書中充滿感情地講「惟力也，歸然獨存」。作者實事求是地從民俗的崇尚、社會的發展，地理環境的影響等多方面對角力的產生發展進行了全面的論述，具有一定的科學性。

　　總之，≪角力記≫是我國古代摔跤發展史中獨一無二的傳世佳作，為我們研究古代的體育活動發展史實和理論，提供了極其寶貴的依據，特別是在今天體育騰飛的時代，≪角力記≫的史料價值就顯得更加珍貴。

二、中國式摔跤第一部較完整的規則

　　中國式摔跤雖然源遠流長，但是由於種種原因，始終未形成一套較為完整的比賽方法，以至於有的比賽雙方要立「生死文書」。

　　比賽的裁判員大都聘請武林名家充任，這些名家雖精通武術，但對摔跤卻未必在行。如 1916 年四川成都的一次擂台摔跤比賽，就邀請湖北武當山雲空長老和峨眉山鐵沙和尚主擂。當時≪新四川日刊≫曾對此事大肆鼓噪，結果比賽中仍漏洞百出。全國性的摔跤比賽也是如此，1928 年「中央國術館」舉辦的「第一屆國術國考」和 1933 年的「第二屆國術國考」中，都沒有中國式摔跤，但由於規則不科學，因此，比賽時出現了抓褲子、拳打腳踢以及使用反關節的動作

，受傷者很多。

由於沒有時間的限制，一對選手比賽有的竟達一個小時，被當時的報刊認為「摔跤場成了鬥牛場」。

經過種種教訓後，當時的武術界逐漸認識到，要開展摔跤活動，必須拿出一個統一的標準。因此，1930 年的≪勤奮體育日報≫中刊載了一篇題為「統一國術對於摔角上的三項議」的文章，提出了三個迫切的改革措施：㈠統一摔角名詞：㈡編訂比賽規則；㈢訓練裁判人才。這反映了當時摔跤界的普遍願望。

要制訂出全國統一的摔跤標準，必須由一個全國性的組織來完成。所以，這一職責當然落到當時唯一的全國武術組織──「中央國術館」頭上。迫於輿論的壓力和切身的需要，中央國術館終於在 1931 年制訂出了摔跤的「國術考試細則（修正）」，有關摔角的內容如下：

第一節　摔角試合之回數

摔角試合規定，以三回決勝負。如不能分勝負時，則增加試合一回。一方面之應試者被摔倒時，即為一回。每回完了後，即續行次回試合。

第二節　摔角勝負之標準依下列判定之

一、摔倒對方兩回或兩回以上者勝。

二、兩方同時倒地者，以不分勝負論。

三、以怠惰之態度，希圖相持不決，空費試合之時間者，即認為負。

第三節　摔角之得點

一、將對手摔至全身倒地者為全點。

二、將對手摔至非全身倒地者為半點。

第四節　摔角之減點

　　一、被對手摔至全身倒地減全點，非被摔倒而滑跌者，不在此限。

　　二、被對手摔至非全身倒地者、減半點。

　　三、忽略第六節第四項之規定者減點。

第五節　摔角之犯規

　　一、用搏擊方法打擊對手者。

　　二、用指戳對手之口、眼及咽喉等部位者。

　　三、有暗傷對手之任何行為者。

第六節　摔角應注意事項

　　一、摔角衣內不得再著內衣。

　　二、禁用厚皮底之競技靴及鞋底附著金屬物品者。

　　三、禁用有危害對手之物品。

　　四、摔角衣所用之腰帶及鞋紐，應注意於試合中勿致鬆解。若因鬆解有礙試合之進行者，得照減點處理之。

　　這項競賽規則雖有不全面和不足之處，但畢竟是我國第一部摔跤比賽的規則，對促進我國摔跤運動起到了積極的作用。

三、角力徵婚

　　≪馬可·波羅遊記≫第四章第四節以「海都王矯健而又勇敢的公主」為題，記述了我國元代一名傑出的摔跤女將角力徵婚的故事。

　　元世祖忽必烈的侄兒海都王有女兒，名字叫艾吉阿姆（韃靼語的意思是明月）。她不但長得漂亮，性格倔強，而且練就了一身摔跤的硬功夫。公主自 16 歲以後，無論在什麼樣的摔跤場上，從來沒有失敗過。

滿朝文武百官無不交口稱讚：「真是如花似玉又武功過人的艾吉阿姆啊！」

歲月匆匆，一晃，公主長到 20 歲，一天，海都王和王后商量，要為女兒選一門當戶對的人家，找一個人才兼備的女婿。

一徵求女兒的意見，不料，明月公主長嘆一聲，說道：「父王、母后、孩兒不願出嫁。」兩位老人相對而望，不知女兒到底為什麼？公主沉思了片刻，走到窗前，看著大廳前面不遠的摔跤場，自言自語地說：「堂堂大元，竟無一個有用男子，真乃可嘆！」

海都王一聽女兒這句話，知道公主是指摔跤場上的事。「女兒，依你之見，你的婚事如何決定？」

「依女兒之見，摔跤場上相會，不論哪家公子，戰勝我者，我就為妻，不能勝我者，罰好馬百匹。」

海都王一向喜歡女兒的豪爽，一聽女兒這番言語，喜上眉梢。「好！就這樣吧。」

公主摔跤徵婚的消息一經宣佈，就吸引了各地求婚的青年，儘管他們知道公主技藝不凡，但還都想碰碰運氣。

這一天終於來臨了。海都王和王后坐在王宮的大殿上，左右分班侍立。公主穿著薄綢縫製的華麗衣裳，威風凜凜地走進大殿。比武的青年也都走進大殿……。

一連幾天，公主都獲全勝。時間一長，求婚的青年漸漸少了起來，他們明白，這種運氣不那麼好碰。

一天，衛官向海都王報告：「報王爺，公主已贏得一萬匹良馬。」海都王哈哈大笑，他心裡高興自己有這麼一個出色的女兒。可是後來，海都王不免也犯了心思，照這樣下去，公主何時才能嫁人呢？

　　大約 1280 年，從遠方來了一個王子，小伙子英俊、剽悍，帶來了一千匹駿馬。他拜見了海都王，海都王一眼就看中了這位王子，從心裡願意把公主嫁給他。

　　海都王私下裡告訴公主：「你得手下留情，王子是真心為你而來。」公主聽後搖了搖頭，她對海都王說，世界上沒有任何理由可以使她那麼做，大汗最喜愛說真心話的人。

　　海都王聽後沒有辦法，只好搖搖頭走了。這場較量，王子輸了，公主又贏了一千匹好馬。

　　《馬可‧波羅遊記》中這個故事講完了，可是後來公主究竟嫁到哪裡去了呢？書上沒有交待。但至今民間還在流傳著明月公主後來的故事，說她遇見了一個草原牧民的兒子，他們相愛了，他們趕著一萬一千匹母馬，離開了王宮，沿著也里古納河向天山草原走去。

四、清朝跤壇三傑

　　清朝皇帝大都喜愛摔跤運動，侍衛府善撲營出了不少摔跤的高手，有的成了蜚聲跤壇的名手。

大祥子碾土成暗器：

　　大祥子是咸豐同治年間公認的優秀跤手，初為善撲營「布庫」，因在中南海紫光閣布庫比賽中技壓群雄，被選為御布庫。

　　大祥子為人憨直，練功極為刻苦。他掌握的招法不多，但非常精湛，招不虛發，發則必中。最可貴的是他在成名之後，還每日堅持蹲樁和徒手練習基本功法。所以下盤相當穩固，比賽中有時被對方抱住腿部，肩扛身撞，他的支撐腿卻

像大樹生根一樣穩立不倒。

　　大祥子的拳術和摔跤的功夫都很深，但對暗器卻很生疏，總以此為憾事。

　　有一次，大祥子同一位身材高大最善于使用挑勾子的高個子比賽，兩人的腿交替上挑，分不出勝負。這時兩人都不敢抽腿換招，大祥子又連續挑子幾次還是沒有成功，情急之下，他右手狠拽對方小袖，在向左後方變腿轉體的剎那間，支撐全身的左腿拼命地左摔，終於把對方從身上挑了出去。

　　大祥子長長地出了口氣，正想繞場走圈時，忽然發現方才在蹬地發力之處有塊土餅，不由心中大悟：原來多年苦練功深，在剛才蹬地轉身之時，竟將土地碾下一塊。

　　從此他暗下苦功，研習雙足碾地之功，久而久之，不但雙足能夠隨意在地面碾出堅硬的土餅，而且還能準確地掌握土餅塊飛起的方向和落點。

　　有一個夏日，大祥子到河邊游泳，正游得自在，見岸上有四個大漢欺侮一個賣瓜的老人，西瓜被踢得滿地亂滾，老人哭叫連天。

　　大祥子義憤填膺，上岸前去打抱不平。他三拳兩腳，把四個惡人打翻在地。惡人惱羞成怒，搶起秤砣，舉起西瓜刀，個個要和他拼命。

　　大祥子雖然渾身功夫，但寡不敵眾，右臂被砍中一刀。危急中，他雙足碾地，頭朝後一扭，大聲喊道：「著傢伙！」右腳向後一抬，一塊泥餅便重重地砸在執刀者的腿上，那傢伙慘叫一聲扔刀跌倒。隨著他又左腳向後一甩，又一塊泥餅飛擲搶秤砣者的眉心，那人扔掉了秤砣，捂著眼睛在地上翻滾起來。另外兩個傢伙早已目瞪口呆，魂飛膽散，乖乖聽從大祥子的吩咐，給賣瓜老人收拾西瓜，包賠瓜錢後狠狠逃走。

　　此事後來被北京著名的評書演員「淨街王」編成評書，
在百姓中傳頌開來。

關文險勝草原跤王：

　　在善撲營衆多的名家中，尤以道光咸豐年間的關文威名
最盛，他在實踐中創造了很多新的絕招，豐富了摔跤技術的
理論和技術，是我國摔跤史上的一代大師。

　　關文成名以後，將大部分精力放在訓練和培養新跤手方
面，清王朝也視他為國之奇珍，從不輕易讓他參加比賽。不
過，如遇強手挑戰，關文總是欣然下場。他招法嫻熟，疾如
急風暴雨，火候老到，最善借力進招，一生戰敗名家無數，
其中同特木其格的一場鏖戰最為驚險。

　　特木其格是蒙古草原上的常勝跤王，他聽說關文摔傷了
草原勇士「大牤牛」和「二牤牛」，大為不服，再三請求科
爾沁王爺准許他找關文比賽。

　　在承德避暑山莊，關文和特木其格相遇，關文沒有上場
比賽，特木其格大顯身手，接連把十幾名高手摔得骨斷筋折
，最後無人敢上場過招。特木其格接過科爾沁王爺親自端過
來的一碗清茶，一飲而盡。

　　他稍稍休息了一下，然後向關文挑戰。關文早已準備停
當，二人上了跤場。

　　特木其格先發制人，頻頻發招搶攻，關文雖比對手矮半
截，但穩扎穩打，步步為營。特木其格好幾次抓住關文的跤
衣，但又被關文迅速地解脫掉，而關文在可乘之機發招使絆
卻也未能得逞，此時全場鴉雀無聲，許多人都為關文捏一把
汗，科爾沁王爺卻輕酌慢飲，似乎穩操勝券。

　　場中二人盤旋激戰，都已氣急生喘，漸次汗下。突然，

特木其格用右手牢牢抓住了關文的正襟兒往回拉，關文立腳不住，全身隨之前傾，特木其格趁勢又探右手抓住了關文的中心帶，只聽他大吼一聲，就將關文奮臂舉在空中。

衆人大驚失色，料定關文必死無疑，不知何時欠身離位的咸豐皇帝急忙叫道：「別扔！別扔！快給放下！」

但特木其格舉著關文在空中划了兩圈後就平空扔了出去，只見關文在空中連翻了兩個跟頭，穩穩站立在三丈外磚舖的地面上。全場先是愕然，緊跟著喝采聲一片，咸豐皇帝輕輕揩去額上的冷汗又慢慢地坐了下來。

經過這番折騰，特木其格不由氣往上撞，哇哇暴叫著又向關文撲來。

關文不敢怠慢，施展平生絕技，全力拼鬥，似雲山虎豹輕靈縱躍，像峭壁古猿抓撲鑽閃，好幾次使特木其格失去重心。特木其格不愧為久經沙場的驍將，連遭險招而不驚慌，反而獅奔虎撲，直撲關文中路，在幾次搶把落空後，他使出了看家本領──熊蹲背鹿，這是他最得意的絕招，曾使不少摔跤高手敗在或死在此招之下。

只看他晃幾招後，左手便死死抓住了關文右小袖，緊接用右臂直插關文的右腋下，右腿隨之猛踢關文左踝。

關文誤以為此招是常見的架梁踢的招法，急抽右腳解脫，並順勢想用其它招法反攻。但特木其格去絆關文的右腿突然踩地狠蹬，右臂隨之用神力將關文提得雙足離地。

關文大驚，急欲掙脫，但特木其格早已把他的右小袖和前襟牢牢抓住，在關文雙足離地時進步貼身，將關文拉在背上。此時，特木其格如按常規使用大別子、搵和大背挎的招法，可能關文無回天之力。

但特木其格過於心狠手毒，雙腿隨之下蹲，在關文的腹

部已貼在他的後腦勺時才猛低頭，弓腰直臉用盡力氣將關文狠狠地朝地上摔去，就聽啪的一聲，特木其格像半壁土牆一樣爬在地上，口鼻出血昏了過去。

原來，在特木其格用黑熊背鹿朝前狠摔、欲置關文於死地的剎那間，關文的右腳尖早已鉤住了特木其格後腰處的中心帶，同時利用特木其格拼命向前背的慣性，雙膝猛頂他的背部。數秒之內，兩股力合為一體，害人害己的特木其格摔得狠狠不堪。

五、天橋跤藝

以前在北京天橋，為了養家糊口，一些身懷絕技的民間藝人不得不聚集一起撂地為生，形成了一個全國著名京城燕都雜巴地。就在這個雜巴地裡有以車技聞名的「程雲萬里彩車會」，有拉洋片的大、小金牙和張寶忠的大刀、拉弓，還有變戲法的、演雙簧的、說書的、賣小吃的。

其中老北京印象最深的要算天橋沈友三、寶善林、張文山三大跤場。三大跤場坐場天橋，趕上護國寺廟會，寶善林跤場也要設場獻跤賣藝。

中幡是寶善林的拿手好戲，但摔跤更高一籌，說中有跤，跤中掛言，恐怕這就是人們常說的「天橋的把式，光說不練」吧。要說不練是假的，一掙一拽，進攻者使絆乾淨俐落，吊跤者一折一倒不露痕跡，那些看熱鬧的對把式跤難斷真假。

沈友三趕上隆福寺廟會也逢會賣藝，廟會上除帶領弟子們設場賣藝外，還有許多幫場的。人們都熟悉戲劇界有業餘愛好者幫場登台演出叫「票友票戲」，對摔跤界的「票跤」

很少耳聞。舊社會到天橋三大跤場「票跤」的幫場者也很多，吊上幾跤，分得幾個錢是次要的，幫場助威和義氣是重要的，另外是愛好相投和朋友介紹。

最有名的票跤者要數張寶忠了，他除了在自己的場地演出力開六張弓、耍大刀、就地十八滾外，也是個摔跤迷，幾個跤場他全摞過地。

新中國成立後天橋只剩下寶善林一處跤場，後來蓋起了摔跤房，門口計時收費。摔跤房中央舖著黃土，四周放設條凳。十年動亂初起時，藝人們被解散分配工作，有的去旅館，有的看倉庫，有的燒鍋爐，從此再也看不到那漂亮的把式跤了。

近年來人們又漸漸地能尋到些往昔的蹤跡。這幾年在北京龍潭湖和地壇公園一年一度的春節廟會中，相繼設立了天橋遊樂場。當年的藝人如今大多已過花甲，個個不顧年邁帶領弟子一試身手。跤場是廟會不可少的一個內容，雖然收費，但那些喜愛摔跤的人們仍然紛然而至，老年人茶餘飯後也愛到跤場一飽眼福。

在鼓樓民間文化區也為摔跤表演開闢了一席之地。摔跤表演在大棚內進行，棚中央舖著墊子。場子裡掛牌的有馬桂寶、楊寶和、徐茂、劉玉森、王文治、傅順露等。

馬貴寶是寶善林的弟子，曾跟隨師傅寶三到內蒙古、天津賣藝，寶三過世後，馬貴寶和滿寶珍將天橋跤場支撐到 1966 年。由於他和滿寶珍是最後從天橋摔跤場出來的，所以，目前北京凡廟會上設立天橋跤場，必須有他和滿寶珍掛名才能成立，當年在天橋跤場幫過場的「票跤」者，只能跟隨掛名。

楊寶和是天橋跤場的老客戶，50年代北京摔跤隊的主力

隊員，曾擔任過北京隊的教練，退休後加盟鼓樓天橋遊樂場
。他和馬貴寶的表演引人入勝，他們表演的雖是假跤，但耐
人尋味，給人以美的享受。

六、保定快跤傳海外

　　「摔跤大王」常東升以保定快跤著稱。他採用大架式，
輕視用蠻力，擅長用「撕」、「崩」、「擁」等方法摔倒對
手，長於以小制大，尤精於「得合」、「麻花瓣」等絕技。
沾衣即跌，其動作乾脆俐落，速度快，摔遍大江南北無敵手
，被譽為「快跤花蝴蝶」。

　　常東升祖籍河北省保定，字曼天，七、八歲開始習武，
十歲正式拜保定快跤宗派大師張鳳岩門下，張鳳岩議定常東
升是摔跤奇材，授予真傳並被張招贅。他有兄弟四人，被譽
為常家四虎：老大常東升、老二常東起、老三常東坡、老四
常東福，都身懷摔跤絕技。

　　常東升畢業於南京中央國術館，歷任軍隊的武術教官、
摔跤社社長、國術館摔跤教官，1947 年在上海舉辦的第七
屆全國運動會上獲摔跤中量級冠軍，後來也在學校裡教授摔
跤。得意弟子有後來去台灣的翁啟修、黃正男、林起愷等人
。

　　常東升的技藝超群，其摔法對擂台賽有莫大的影響，競
賽中他選用的摔打踢拿的連環招式所向披靡，在國際擂台賽
中，他的台灣弟子的摔法神乎其技，飲譽海內外摔壇。

　　他於 1975 年退休後，受摩洛哥國王之邀前往訪問，在
金鑾殿前與皇室武士相較，技壓群雄，獲國王頒贈一柄代表
最高榮譽的寶劍。1976 年在新加坡舉辦第四屆東南亞國術

擂台賽時，常東升應邀前往獻藝，身手矯健，雄風不減當年。

　　爾後，常東升來往於美國的芝加哥、紐約之間義務傳授跤藝，在他的影響下，紐約成立了世界摔跤總會，使古老的中國跤術，得以發揚光大。

　　常東升教授平易近人，但訓練極嚴格，著有《摔角術》一書。

七、摔壇名宿馬驥良怒摔日本兵

　　馬驥良先生，字文波，河北省束鹿縣率集人。自幼酷愛摔跤和武術，先後拜摔跤名師牛洛雙和著名鏢師八卦掌名家蘇孟春；形意拳巨星尚雲祥、大成拳宗師王薌齋為師。

　　他聰慧過人，又經十數年朝夕苦練，功夫漸達上乘。自十八歲考上國術教官後，先後在宋哲元將軍等部任教。在北京期間，他曾與各派高手切磋技藝，以正直謙遜的品德和純熟的技藝使眾武友稱道。威震東京都的跤魁沈三是他的莫逆之交，二人情同手足，互教所長，切磋跤藝。因此，馬先生練得一身中國跤的絕技。

　　1939 年夏季的一天，馬先生和師兄周子岩、張振同去辦事，路過西直門時，遇到日本兵正在進行訓練。只見一日本軍官抓住一過路的中國青年，強迫和他對練。青年無奈，只好伸手招架。日本鬼子伸右手抓住青年衣領，左手拉住他的胳膊，猛然一轉身，把青年狠狠摔在地上。青年吃力地從地上爬起來，鬼子軍官衝上去又把他摔倒在地，並且得意地對部下講解了一番，接著命令鬼子兵依次摔中國青年。

　　馬生先生看後，氣憤至極，走上前去扶起自己同胞，剛要離去，鬼子軍官大叫一聲：

「開路的不行！你們統統過來，皇軍訓練的幹活！」

馬先生見這群野獸把中國人當成活靶子，雙目噴火，挺身上前站好了跤架，日本鬼子見他貌似書生，輕蔑地一揮手，一個大塊頭的日本兵便衝向馬先生，伸手就抓馬先生的衣領，馬先生順勢往裡一帶日本兵的胳膊，然後迅速近身、轉體、變臉、右腿絆住鬼子的右腿，「大別子」的動作一氣呵成，將日本兵摔了個餓狗搶屎。

鬼子軍官先是一驚，然後冷笑說：「你摔跤的會，中國摔跤的這個……」說罷伸出小指，又挺起大拇指說：「大日本柔道的這個！」他邊說邊伸雙手撲向馬先生。

馬先生仇恨滿腔，沉著應戰，連續用「搓窩」和「搯」，兩次把鬼子軍官摔倒。遠觀的中國群眾無不高興，慢慢圍上前來。此時鬼子軍官已如困獸猶鬥，只見他雙手突然抱住馬先生的後腰，拼命向前搶摔，馬先生急向前跨步，猝然用臂夾住鬼子軍官的脖子向左前方一摔，鬼子軍官向後挺身掙扎的瞬間，馬先生早已鬆手，並用右腿勾住鬼子軍官的右腿，順勢向後猛然用力，頭枕背靠，全身重重地壓在了日本鬼子的身上。

鬼子軍官從地上掙扎起來，氣急敗壞地說：「刺刀的幹活！」，並隨手取過兩支步槍，扔給馬先生一支，馬先生大義凜然，胸有成竹地接過了步槍。

鬼子軍官瞪著血紅的眼睛，圍著馬先生轉了幾圈後，「哇呀」一聲怪叫，一招騙上刺下，舉槍狠狠地刺向馬先生的腹部，馬先生將身子向旁邊一閃，起磨盤步一繞，抬槍就將鬼子軍官的步槍格住，緊接一招「迎門吊線」，早將鬼子的步槍震落，人也跟蹌後跌，圍觀的中國人無不拍手稱快，日本兵大驚失色。鬼子軍官惱羞成怒，命令部下圍捕馬先生。

　　馬先生怒目橫眉，端起刺刀準備與蜂湧而上的日本兵決一死戰，這時，在一邊早已按捺不住的周子岩、張振同揮拳而上，逼住了鬼子軍官，鬼子軍官見狀，只好喝退部下，佯裝笑臉對馬先生說：「我三木的是，你摔跤大大的好，刺刀的幹活厲害大大的，我們心交心交的，我的學。」

　　馬先生向二位師兄使了個眼色，答應了三木的要求，當即三木就跟到馬先生的家中，大講「日中親善」和「王道樂土」，並執意要向馬先生學藝，馬先生強壓怒火，應付著三木的糾纏。

　　第二天，當三木帶著重禮找到馬先生家時，早已人去屋空，全家人連夜潛出北京城。三木惱羞成怒，命人放火燒了馬家的房子。馬先生比武獲勝和嚴拒收買的事跡很快傳遍北京城，他赤誠愛國的錚錚鐵骨，深受人們敬佩。後來他參加了楊秀峰同志領導的抗日隊伍。

大展出版社有限公司 ｜ 圖書目錄

地址：台北市北投區11204　　電話：(02) 8236031
　　　致遠一路二段12巷1號　　　　　　8236033
郵撥：0166955～1　　　　　　傳眞：(02) 8272069

● 法律專欄連載 ● 電腦編號 58

台大法學院　　法律學系／策劃
　　　　　　　法律服務社／編著

①別讓您的權利睡著了[1]　　　　　　　　　　200元
②別讓您的權利睡著了[2]　　　　　　　　　　200元

● 秘傳占卜系列 ● 電腦編號 14

①手相術　　　　　　　淺野八郎著　150元
②人相術　　　　　　　淺野八郎著　150元
③西洋占星術　　　　　淺野八郎著　150元
④中國神奇占卜　　　　淺野八郎著　150元
⑤夢判斷　　　　　　　淺野八郎著　150元
⑥前世、來世占卜　　　淺野八郎著　150元
⑦法國式血型學　　　　淺野八郎著　150元
⑧靈感、符咒學　　　　淺野八郎著　150元

● 趣味心理講座 ● 電腦編號 15

①性格測驗 1　探索男與女　　淺野八郎著　140元
②性格測驗 2　透視人心奧秘　淺野八郎著　140元
③性格測驗 3　發現陌生的自己　淺野八郎著　140元
④性格測驗 4　發現你的真面目　淺野八郎著　140元
⑤性格測驗 5　讓你們吃驚　　淺野八郎著　140元
⑥性格測驗 6　洞穿心理盲點　淺野八郎著　140元
⑦性格測驗 7　探索對方心理　淺野八郎著　140元
⑧性格測驗 8　由吃認識自己　淺野八郎著　140元
⑨性格測驗 9　戀愛知多少　　淺野八郎著　140元
⑩性格測驗10　由裝扮瞭解人心　淺野八郎著　140元
⑪性格測驗11　敲開內心玄機　淺野八郎著　140元
⑫性格測驗12　透視你的未來　淺野八郎著　140元
⑬血型與你的一生　　　　　　淺野八郎著　140元

⑭趣味推理遊戲　　　　　　淺野八郎著　140元

・健 康 天 地・電腦編號 18

⑭美容外科淺談　　　　　　　　楊啟宏著　150元
⑮美容外科新境界　　　　　　　楊啟宏著　150元
⑯鹽是天然的醫生　　　　　　西英司郎著　140元
⑰年輕十歲不是夢　　　　　　　梁瑞麟譯　200元
⑱茶料理治百病　　　　　　　桑野和民著　180元
⑲綠茶治病寶典　　　　　　　桑野和民著　150元
⑳杜仲茶養顏減肥法　　　　　　西田博著　150元
㉑蜂膠驚人療效　　　　　　瀨長良三郎著　160元
㉒蜂膠治百病　　　　　　　瀨長良三郎著　　元

・實用女性學講座・電腦編號 19

①解讀女性內心世界　　　　　島田一男著　150元
②塑造成熟的女性　　　　　　島田一男著　150元

・校園系列・電腦編號 20

①讀書集中術　　　　　　　　　多湖輝著　150元
②應考的訣竅　　　　　　　　　多湖輝著　150元
③輕鬆讀書贏得聯考　　　　　　多湖輝著　150元
④讀書記憶秘訣　　　　　　　　多湖輝著　150元

・實用心理學講座・電腦編號 21

①拆穿欺騙伎倆　　　　　　　　多湖輝著　140元
②創造好構想　　　　　　　　　多湖輝著　140元
③面對面心理術　　　　　　　　多湖輝著　140元
④僞裝心理術　　　　　　　　　多湖輝著　140元
⑤透視人性弱點　　　　　　　　多湖輝著　140元
⑥自我表現術　　　　　　　　　多湖輝著　150元
⑦不可思議的人性心理　　　　　多湖輝著　150元
⑧催眠術入門　　　　　　　　　多湖輝著　150元
⑨責罵部屬的藝術　　　　　　　多湖輝著　150元
⑩精神力　　　　　　　　　　　多湖輝著　150元
⑪厚黑說服術　　　　　　　　　多湖輝著　150元
⑫集中力　　　　　　　　　　　多湖輝著　150元

・超現實心理講座・電腦編號 22

①超意識覺醒法　　　　　　　　詹蔚芬編譯　130元
②護摩秘法與人生　　　　　　　劉名揚編譯　130元

③秘法！超級仙術入門　　　　　陸　明譯　　150元
④給地球人的訊息　　　　　　　柯素娥編著　150元
⑤密教的神通力　　　　　　　　劉名揚編著　130元
⑥神秘奇妙的世界　　　　　　　平川陽一著　180元

·養 生 保 健· 電腦編號 23

①醫療養生氣功　　　　　　　　黃孝寬著　　250元
②中國氣功圖譜　　　　　　　　余功保著　　230元
③少林醫療氣功精粹　　　　　　井玉蘭著　　250元
④龍形實用氣功　　　　　　　　吳大才等著　220元
⑤魚戲增視強身氣功　　　　　　宮　嬰著　　220元
⑥嚴新氣功　　　　　　　　　　前新培金著　250元
⑦道家玄牝氣功　　　　　　　　張　章著　　　元
⑧仙家秘傳祛病功　　　　　　　李遠國著　　　元

·心 靈 雅 集· 電腦編號 00

①禪言佛語看人生　　　　　　　松濤弘道著　180元
②禪密教的奧秘　　　　　　　　葉逯謙譯　　120元
③觀音大法力　　　　　　　　　田口日勝著　120元
④觀音法力的大功德　　　　　　田口日勝著　120元
⑤達摩禪106智慧　　　　　　　劉華亭編譯　150元
⑥有趣的佛教研究　　　　　　　葉逯謙編譯　120元
⑦夢的開運法　　　　　　　　　蕭京凌譯　　130元
⑧禪學智慧　　　　　　　　　　柯素娥編譯　130元
⑨女性佛教入門　　　　　　　　許俐萍譯　　110元
⑩佛像小百科　　　　　　　　　心靈雅集編譯組　130元
⑪佛教小百科趣談　　　　　　　心靈雅集編譯組　120元
⑫佛教小百科漫談　　　　　　　心靈雅集編譯組　150元
⑬佛教知識小百科　　　　　　　心靈雅集編譯組　150元
⑭佛學名言智慧　　　　　　　　松濤弘道著　180元
⑮釋迦名言智慧　　　　　　　　松濤弘道著　180元
⑯活人禪　　　　　　　　　　　平田精耕著　120元
⑰坐禪入門　　　　　　　　　　柯素娥編譯　120元
⑱現代禪悟　　　　　　　　　　柯素娥編譯　130元
⑲道元禪師語錄　　　　　　　　心靈雅集編譯組　130元
⑳佛學經典指南　　　　　　　　心靈雅集編譯組　130元
㉑何謂「生」　阿含經　　　　　心靈雅集編譯組　150元
㉒一切皆空　般若心經　　　　　心靈雅集編譯組　150元
㉓超越迷惘　法句經　　　　　　心靈雅集編譯組　130元

㉔開拓宇宙觀　華嚴經　　　心靈雅集編譯組　130元
㉕真實之道　法華經　　　　心靈雅集編譯組　130元
㉖自由自在　涅槃經　　　　心靈雅集編譯組　130元
㉗沈默的教示　維摩經　　　心靈雅集編譯組　150元
㉘開通心眼　佛語佛戒　　　心靈雅集編譯組　130元
㉙揭秘寶庫　密教經典　　　心靈雅集編譯組　130元
㉚坐禪與養生　　　　　　　　　廖松濤譯　110元
㉛釋尊十戒　　　　　　　　　柯素娥編譯　120元
㉜佛法與神通　　　　　　　　劉欣如編著　120元
㉝悟（正法眼藏的世界）　　　柯素娥編譯　120元
㉞只管打坐　　　　　　　　　劉欣如編譯　120元
㉟喬答摩・佛陀傳　　　　　　劉欣如編著　120元
㊱唐玄奘留學記　　　　　　　劉欣如編譯　120元
㊲佛教的人生觀　　　　　　　劉欣如編譯　110元
㊳無門關（上卷）　　　　　心靈雅集編譯組　150元
㊴無門關（下卷）　　　　　心靈雅集編譯組　150元
㊵業的思想　　　　　　　　　劉欣如編著　130元
㊶佛法難學嗎　　　　　　　　劉欣如著　140元
㊷佛法實用嗎　　　　　　　　劉欣如著　140元
㊸佛法殊勝嗎　　　　　　　　劉欣如著　140元
㊹因果報應法則　　　　　　　李常傳編　140元
㊺佛教醫學的奧秘　　　　　　劉欣如編著　150元
㊻紅塵絕唱　　　　　　　　　　海　若著　130元
㊼佛教生活風情　　　洪丕謨、姜玉珍著　220元
㊽行住坐臥有佛法　　　　　　劉欣如著　160元
㊾起心動念是佛法　　　　　　劉欣如著　160元

・經營管理・電腦編號 01

◎創新經營管理六十六大計（精）　蔡弘文編　780元
①如何獲取生意情報　　　　　蘇燕謀譯　110元
②經濟常識問答　　　　　　　蘇燕謀譯　130元
③股票致富68秘訣　　　　　　簡文祥譯　100元
④台灣商戰風雲錄　　　　　　陳中雄著　120元
⑤推銷大王秘錄　　　　　　　原一平著　100元
⑥新創意・賺大錢　　　　　　王家成譯　90元
⑦工廠管理新手法　　　　　　　琪　輝著　120元
⑧奇蹟推銷術　　　　　　　　蘇燕謀譯　100元
⑨經營參謀　　　　　　　　　柯順隆譯　120元
⑩美國實業24小時　　　　　　柯順隆譯　80元
⑪撼動人心的推銷法　　　　　原一平著　120元

・成功寶庫・電腦編號 02

‧ 處 世 智 慧 ‧ 電腦編號 03

・健 康 與 美 容・電腦編號 04

⑪家庭急救治療法　　　　　　　鐘文訓編著　100元
⑫新孕婦體操　　　　　　　　　林曉鐘譯　　120元
⑬從食物改變個性　　　　　　　廖玉山編譯　100元
⑭藥草的自然療法　　　　　　　東城百合子著　200元
⑮糙米菜食與健康料理　　　　　東城百合子著　180元
⑯現代人的婚姻危機　　　　　　黃　靜編著　　90元
⑰親子遊戲　　0歲　　　　　　林慶旺編譯　100元
⑱親子遊戲　　1～2歲　　　　林慶旺編譯　110元
⑲親子遊戲　　3歲　　　　　　林慶旺編譯　100元
⑳女性醫學新知　　　　　　　　林曉鐘編譯　130元
㉑媽媽與嬰兒　　　　　　　　　張汝明編譯　150元
㉒生活智慧百科　　　　　　　　黃　靜編著　100元
㉓手相・健康・你　　　　　　　林曉鐘編譯　120元
㉔菜食與健康　　　　　　　　　張汝明編譯　110元
㉕家庭素食料理　　　　　　　　陳東達著　　140元
㉖性能力活用秘法　　　　　　　米開・尼里著　130元
㉗兩性之間　　　　　　　　　　林慶旺編譯　120元
㉘性感經穴健康法　　　　　　　蕭京凌編譯　110元
㉙幼兒推拿健康法　　　　　　　蕭京凌編譯　100元
㉚談中國料理　　　　　　　　　丁秀山編著　100元
㉛舌技入門　　　　　　　　　　增田豐　著　130元
㉜預防癌症的飲食法　　　　　　黃靜香編譯　150元
㉝性與健康寶典　　　　　　　　黃靜香編譯　180元
㉞正確避孕法　　　　　　　　　蕭京凌編譯　130元
㉟吃的更漂亮美容食譜　　　　　楊萬里著　　120元
㊱圖解交際舞速成　　　　　　　鐘文訓編譯　150元
㊲觀相導引術　　　　　　　　　沈永嘉譯　　130元
㊳初為人母12個月　　　　　　陳義譯　　　130元
㊴圖解麻將入門　　　　　　　　顧安行編譯　130元
㊵麻將必勝秘訣　　　　　　　　石利夫編譯　130元
㊶女性一生與漢方　　　　　　　蕭京凌編譯　100元
㊷家電的使用與修護　　　　　　鐘文訓編譯　130元
㊸錯誤的家庭醫療法　　　　　　鐘文訓編譯　100元
㊹簡易防身術　　　　　　　　　陳慧珍編譯　130元
㊺茶健康法　　　　　　　　　　鐘文訓編譯　130元
㊻雞尾酒大全　　　　　　　　　劉雪卿譯　　180元
㊼生活的藝術　　　　　　　　　沈永嘉編著　120元
㊽雜草雜果健康法　　　　　　　沈永嘉編著　120元
㊾如何選擇理想妻子　　　　　　荒谷慈著　　110元
㊿如何選擇理想丈夫　　　　　　荒谷慈著　　110元
51中國食與性的智慧　　　　　　根本光人著　150元

52開運法話	陳宏男譯	100元
53禪語經典＜上＞	平田精耕著	150元
54禪語經典＜下＞	平田精耕著	150元
55手掌按摩健康法	鐘文訓譯	150元
56脚底按摩健康法	鐘文訓譯	150元
57仙道運氣健身法	高藤聰一郎著	150元
58健心、健體呼吸法	蕭京凌譯	120元
59自彊術入門	蕭京凌譯	120元
60指技入門	增田豐著	130元
61下半身鍛錬法	增田豐著	180元
62表象式學舞法	黃靜香編譯	180元
63圖解家庭瑜伽	鐘文訓譯	130元
64食物治療寶典	黃靜香編譯	130元
65智障兒保育入門	楊鴻儒譯	130元
66自閉兒童指導入門	楊鴻儒譯	150元
67乳癌發現與治療	黃靜香譯	130元
68盆栽培養與欣賞	廖啟新編譯	150元
69世界手語入門	蕭京凌編譯	150元
70賽馬必勝法	李錦雀編譯	200元
71中藥健康粥	蕭京凌編譯	120元
72健康食品指南	劉文珊編譯	130元
73健康長壽飲食法	鐘文訓編譯	150元
74夜生活規則	增田豐著	120元
75自製家庭食品	鐘文訓編譯	180元
76仙道帝王招財術	廖玉山譯	130元
77「氣」的蓄財術	劉名揚譯	130元
78佛教健康法入門	劉名揚譯	130元
79男女健康醫學	郭汝蘭譯	150元
80成功的果樹培育法	張煌編譯	130元
81實用家庭菜園	孔翔儀編譯	130元
82氣與中國飲食法	柯素娥編譯	130元
83世界生活趣譚	林其英著	160元
84胎敎二八〇天	鄭淑美譯	180元
85酒自己動手釀	柯素娥編著	160元

・命理與預言・電腦編號 06

1星座算命術	張文志譯	120元
3圖解命運學	陸明編著	100元
4中國秘傳面相術	陳炳崑編著	110元
5輪迴法則（生命轉生的秘密）	五島勉著	80元

⑥命名彙典	水雲居士編著	100元
⑦簡明紫微斗術命運學	唐龍編著	130元
⑧住宅風水吉凶判斷法	琪輝編譯	120元
⑨鬼谷算命秘術	鬼谷子著	150元
⑫簡明四柱推命學	李常傳編譯	150元
⑭十二支命相學	王家成譯	80元
⑮啟示錄中的世界末日	蘇燕謀編譯	80元
⑯簡明易占學	黃小娥著	100元
⑰指紋算命學	邱夢蕾譯	90元
⑱樸克牌占卜入門	王家成譯	100元
⑲Ａ血型與十二生肖	鄒雲英編譯	90元
⑳Ｂ血型與十二生肖	鄒雲英編譯	90元
㉑Ｏ血型與十二生肖	鄒雲英編譯	100元
㉒ＡＢ血型與十二生肖	鄒雲英編譯	90元
㉓筆跡占卜學	周子敬著	120元
㉔神秘消失的人類	林達中譯	80元
㉕世界之謎與怪談	陳炳崑譯	80元
㉖符咒術入門	柳玉山人編	100元
㉗神奇的白符咒	柳玉山人編	160元
㉘神奇的紫符咒	柳玉山人編	120元
㉙秘咒魔法開運術	吳慧鈴編譯	180元
㉚中國式面相學入門	蕭京凌編著	90元
㉛改變命運的手相術	鐘文訓編著	120元
㉜黃帝手相占術	鮑黎明著	130元
㉝惡魔的咒法	杜美芳譯	150元
㉞腳相開運術	王瑞禎譯	130元
㉟面相開運術	許麗玲譯	150元
㊱房屋風水與運勢	邱震睿編譯	160元
㊲商店風水與運勢	邱震睿編譯	130元
㊳諸葛流天文遁甲	巫立華譯	150元
㊴聖帝五龍占術	廖玉山譯	180元
㊵萬能神算	張助馨編著	120元
㊶神祕的前世占卜	劉名揚譯	150元
㊷諸葛流奇門遁甲	巫立華譯	150元
㊸諸葛流四柱推命	巫立華譯	180元

・教 養 特 輯・電腦編號 07

①管教子女絕招	多湖輝著	70元
⑤如何教育幼兒	林振輝譯	80元
⑥看圖學英文	陳炳崑編著	90元

⑦關心孩子的眼睛　　　　　　陸明編　　70元
⑧如何生育優秀下一代　　　邱夢蕾編著　100元
⑨父母如何與子女相處　　　安紀芳編譯　80元
⑩現代育兒指南　　　　　　劉華亭編譯　90元
⑫如何培養自立的下一代　　黃靜香編譯　80元
⑬使用雙手增強腦力　　　　沈永嘉編譯　70元
⑭敎養孩子的母親暗示法　　　多湖輝著　90元
⑮奇蹟敎養法　　　　　　　鐘文訓編譯　90元
⑯慈父嚴母的時代　　　　　　多湖輝著　90元
⑰如何發現問題兒童的才智　林慶旺譯　100元
⑱再見！夜尿症　　　　　　黃靜香編譯　90元
⑲育兒新智慧　　　　　　　　黃靜編譯　90元
⑳長子培育術　　　　　　　劉華亭編譯　80元
㉑親子運動遊戲　　　　　　蕭京凌編譯　90元
㉒一分鐘刺激會話法　　　　鐘文訓編著　90元
㉓啟發孩子讀書的興趣　　　李玉瓊編著　100元
㉔如何使孩子更聰明　　　　　黃靜編著　100元
㉕3‧4歲育兒寶典　　　　　黃靜香編譯　100元
㉖一對一敎育法　　　　　　林振輝編譯　100元
㉗母親的七大過失　　　　　鐘文訓編譯　100元
㉘幼兒才能開發測驗　　　　蕭京凌編譯　100元
㉙敎養孩子的智慧之眼　　　黃靜香編譯　100元
㉚如何創造天才兒童　　　　林振輝編譯　90元
㉛如何使孩子數學滿點　　　林明嬋編著　100元

‧消 遣 特 輯‧電腦編號 08

①小動物飼養秘訣　　　　　徐道政譯　120元
②狗的飼養與訓練　　　　　張文志譯　100元
③四季釣魚法　　　　　　　釣朋會編　120元
④鴿的飼養與訓練　　　　　林振輝譯　120元
⑤金魚飼養法　　　　　　　鐘文訓編譯　130元
⑥熱帶魚飼養法　　　　　　鐘文訓編譯　180元
⑦有趣的科學（動腦時間）　蘇燕謀譯　70元
⑧妙事多多　　　　　　　　金家驊編譯　80元
⑨有趣的性知識　　　　　　蘇燕謀編譯　100元
⑩圖解攝影技巧　　　　　　譚繼山編譯　220元
⑪100種小鳥養育法　　　　　譚繼山編譯　200元
⑫樸克牌遊戲與贏牌秘訣　　林振輝編譯　120元
⑬遊戲與餘興節目　　　　　廖松濤編著　100元
⑭樸克牌魔術‧算命‧遊戲　林振輝編譯　100元

⑯世界怪動物之謎　　　　　　王家成譯　　90元
⑰有趣智商測驗　　　　　　　譚繼山譯　　120元
⑲絕妙電話遊戲　　　　　　開心俱樂部著　80元
⑳透視超能力　　　　　　　　廖玉山譯　　90元
㉑戶外登山野營　　　　　　　劉青篁編譯　90元
㉒測驗你的智力　　　　　　　蕭京凌編著　90元
㉓有趣數字遊戲　　　　　　　廖玉山編著　90元
㉔巴士旅行遊戲　　　　　　　陳羲編著　　110元
㉕快樂的生活常識　　　　　　林泰彥編著　90元
㉖室內室外遊戲　　　　　　　蕭京凌編著　110元
㉗神奇的火柴棒測驗術　　　　廖玉山編著　100元
㉘醫學趣味問答　　　　　　　陸明編譯　　90元
㉙樸克牌單人遊戲　　　　　　周蓮芬編譯　100元
㉚靈驗樸克牌占卜　　　　　　周蓮芬編譯　120元
㉜性趣無窮　　　　　　　　　蕭京凌編譯　110元
㉝歡樂遊戲手冊　　　　　　　張汝明編譯　100元
㉞美國技藝大全　　　　　　　程玟立編譯　100元
㉟聚會即興表演　　　　　　　高育強編譯　90元
㊱恐怖幽默　　　　　　　幽默選集編譯組　120元
㊲兩性幽默　　　　　　　幽默選集編譯組　100元
㊹藝術家幽默　　　　　　幽默選集編譯組　100元
㊺旅遊幽默　　　　　　　幽默選集編譯組　100元
㊻投機幽默　　　　　　　幽默選集編譯組　100元
㊼異色幽默　　　　　　　幽默選集編譯組　100元
㊽青春幽默　　　　　　　幽默選集編譯組　100元
㊾焦點幽默　　　　　　　幽默選集編譯組　100元
㊿政治幽默　　　　　　　幽默選集編譯組　130元
51美國式幽默　　　　　　幽默選集編譯組　130元

・語 文 特 輯・電腦編號 09

①日本話1000句速成　　　　　王復華編著　30元
②美國話1000句速成　　　　　吳銘編著　　30元
③美國話1000句速成　　附卡帶　　　　　　220元
④日本話1000句速成　　附卡帶　　　　　　220元
⑤簡明日本話速成　　　　　　陳炳崑編著　90元

・武 術 特 輯・電腦編號 10

①陳式太極拳入門　　　　　　馮志強編著　150元
②武式太極拳　　　　　　　　郝少如編著　150元

大展好書 ❌ 好書大展